Gulliver Taschenbuch 513

Anne Eliot Crompton, geboren 1930 in Northampton/Massachusetts, lebte mit ihrem Mann, einem Holzfäller, in einem kleinen Dorf und zog fünf Kinder groß. Zu ihrem ersten Buch, *Der Magier,* ließ sie sich durch einen Bildband über Höhlenmalerei inspirieren. Sie hat inzwischen zahlreiche Bücher veröffentlicht.

Anne Eliot Crompton

Der Magier

Abenteuer-Roman
aus der Steinzeit

Aus dem Englischen von
Birgitt Kollmann

BELTZ
& Gelberg

www.beltz.de
Gulliver Taschenbuch 513
Deutsche Erstausgabe

Publ. by Arrangement with Second Chance Press Inc./Permanent
Dieses Werk wurde vermittelt durch die literarische Agentur
Thomas Schlück GmbH, 30827 Garbsen
Die Originalausgabe erschien 1971 unter dem Titel
The Sorcerer
Einbandgestaltung von Max Bartholl
Einbandbild von Ute Martens
Gesetzt nach der neuen Rechtschreibung
Gesamtherstellung Druckhaus Beltz, 69494 Hemsbach
Printed in Germany
ISBN 3 407 78513 5
1 2 3 4 5 06 05 04 03 02

Der Geist

1

Ein Wispern im sanften Wind, ein flüchtiges Aufblitzen zwischen goldschimmernden Gräsern – hatte sich da etwas bewegt? Oder hatte nur ihr ängstliches Herz einen Satz gemacht?

Die Stute warf den Kopf hoch. Ein Grasbüschel klemmte noch zwischen den kräftigen, energischen Kiefern. Ganz still und gerade stand sie da und schaute in den ruhigen Herbstmittag. Ihr Blick wanderte den nahen Hügel hinauf, wo sich welke Gräser zwischen Flecken frühen Schnees wiegten. Sie schaute durch das Sonnenlicht hindurch, das im Gras aufblitzte und helle Muster auf die grauen Felsen malte. Ein leiser Wind wehte.

Die Stute kaute unruhig, blickte sich immer wieder um. Dann schluckte sie hinunter, was sie im Maul hatte, und hielt die Nüstern in die Brise, die den Hügel hinabkam. Mit dem Wind kam ein intensiver Geruch von Schweiß und Pferdehaar. Ein Hengst musste dort oben sein.

Ganz vage nahm die Stute noch einen anderen Geruch wahr, den der sanfte Wind ihr zutrug – einen befremdlichen, schwer zu deutenden Geruch. Sie schnaubte, um die Nase freizubekommen, reckte den Kopf auf dem kurzen Hals und witterte erneut.

Es war der Geruch eines anderen Ponys, doch er war eigenartig streng. Da verstand die Stute, dass irgendwo auf der anderen Seite des Hügels ein totes Tier liegen musste, eine steife, dunkle Gestalt, die im trockenen Gras verweste. Gerade als der Geruch stärker und eindeutiger wurde, flaute der Wind ab.

Immer noch war die Stute rastlos. Sie war ein stämmiges, schweres Tier mit kräftigem Gebiss und starken Hufen, sie konnte sich durchaus zur Wehr setzen. Ihr Herz aber war noch immer das ihrer Vorfahren – zierlicher, anmutiger Tiere, deren einzige Rettung in sofortiger Flucht bestand. Von diesen scheuen kleinen Wesen hatte sie die ausgeprägte Achtsamkeit und Vorsicht geerbt. So spitzte sie auch jetzt die Ohren, eines nach vorn gelegt, das andere nach hinten, um die feinen Geräusche des Mittags einzufangen: das Summen der Fliegen, das Kauen der anderen Ponys, das ferne Schnauben eines Herdenmitglieds.

Wieder blickte die Stute sich aufmerksam nach dem Schatten um, den sie flüchtig zu sehen geglaubt hatte. Sie schaute direkt dorthin, wo Linke Hand sich verbarg.

Er fühlte ihren Blick, der auf den Erdwall gerichtet war, hinter dem er kauerte, und ein Schauder lief ihm über den Rücken. Er biss die Zähne zusammen, damit sie nicht klapperten. Die Hand, die den Speer umfasst hielt, zitterte heftig, und er musste die Waffe fest gegen den Boden drücken, damit die Hand ruhig wurde.

Doch Linke Hand wusste, dass Erregung, ebenso wie Angst, gleichsam durch die Luft fliegen und ihn verraten könnte. Die Gedanken der Stute, die vage in seine Richtung gingen, durften auf keinen Fall mit seinen eigenen, die wie ein Speer auf das Tier zielten, zusammenprallen. Er musste sich entspannen. Er schaute auf das welke Gras neben seinen Knien, betrachtete die Wellenlinien, die das Herbstlicht auf den Fels zeichnete, auf dem seine Hand lag. Lautlos atmete er tief ein und versuchte, an etwas weniger Aufregendes zu denken.

Das erste Bild, das ihm in den Kopf kam, war das der ausgestreckten Hand seines Vaters. »Linke Hand«, schien er seinen Vater sagen zu hören, »du und Wildfänger, ihr schleicht euch auf der Nordseite hinunter. Aber denkt daran, bewegt euch ganz langsam. Wir kommen die Südseite hinauf. Wenn ihr den Wolf heulen hört, könnt ihr anfangen, eure Speere zu werfen.« Großer Jäger hatte ihre Wege mit seinem kräftigen, ausgestreckten Finger markiert. Seine Hand hatte nicht gezittert, seine Stimme war fest gewesen. Es war, als hätten sie »Jetzt bist du das Pony« gespielt, wie sie es so oft getan hatten, als Linke Hand noch ein Kind war. Aber heute war es kein Spiel gewesen.

Linke Hand hatte sich auf dem Bauch vorgeschoben bis an den Rand des Abhangs, von wo aus er das Tal überblicken konnte. Vorsichtig bog er die Gräser auseinander und spähte zwischen ihnen hindurch ins Tal hinunter. Im selben Moment fühlte er, wie ihm übel wurde.

Das hier waren wirkliche Pferde. Kräftig und gut genährt standen sie im Schein der frühen Morgensonne, ihre schwarzen Schatten neben sich. Wie achtlos hinuntergeworfene

Steine verteilten sie sich über das Tal. Wildfänger, der neben Linke Hand auf der Hügelkuppe lag, pfiff leise vor Überraschung. Er wandte Linke Hand den Kopf zu und ihre Blicke trafen sich. Es war das erste Mal, dass sie ernsthaft auf die Pirsch gingen, dass sie echte Ponys jagten!

Die Herde war arglos und völlig entspannt. Alle Tiere hielten den Kopf gesenkt und grasten. Nichts hatte den Ponys die Nähe von vier hungrigen Menschen verraten. Noch spürten sie nicht die brennenden Blicke der Gier, die auf ihnen lagen.

Als die Jungen ihren langen Weg ins Tal hinab begonnen hatten, stand die Sonne noch tief, der Morgen war frisch und kühl. Geschickt schleichend hatte sich Linke Hand seinen Weg gebahnt, zwischen Felsen, Gebüsch und Erdbuckeln hindurch. Geduckt oder auch bäuchlings überquerte er eilig Lichtungen, um gleich wieder im Unterholz zu verschwinden. Sobald er ein sicheres Versteck erreicht hatte, reckte er vorsichtig den Kopf und beobachtete die Herde. Jedes Mal war das Tal näher, waren die Ponys größer. Wenn die Tiere nur einen Moment zu früh Verdacht schöpften, wäre alles umsonst gewesen: Der Geschwindigkeit, die diese stämmigen Beine im Galopp erreichten, waren menschliche Schritte nicht gewachsen.

Einmal hatte Linke Hand einen Lichtstrahl aufgefangen, als sich die schräg stehende Sonne einen Moment lang auf Wildfängers Haar legte. Gleich darauf war Wildfänger hinter einem Felsblock verschwunden. Ein anderes Mal hatte er gerade noch zu sehen geglaubt, wie ein grauer Erdhügel rasch in einem Dickicht verschwand – das war Wildfängers Hinterteil gewesen.

Jeder für sich und doch gemeinsam waren die beiden Jungen auf ihre langsame, vorsichtige Weise den Hügel hinuntergekommen. Wann immer ein Pony den Kopf hob, hatten sie innegehalten. Darüber war es Mittag geworden, die Luft war jetzt heiß und angefüllt mit dem Gesumm der Fliegen, und Linke Hand hatte sich den ersten Tieren auf Speerweite genähert.

Inzwischen mussten die Männer die Kuppe des gegenüberliegenden Hügels erreicht haben. Linke Hand stellte sich vor, wie sie langsam und vorsichtig aus der Bauchlage zunächst auf die Knie gingen, um sich dann ganz aufzurichten. Wenn sie jetzt entdeckt würden, musste das nicht mehr unbedingt eine Katastrophe sein; sie waren nämlich maskiert. Der Vater von Linke Hand, Großer Jäger, trug ein schwarzes Ponyfell, dessen dicke Mähne ihm über den Rücken hinunterhing. Das Fell von Bisonhorn war früher einmal rotbraun mit weißen Flecken gewesen, aber mittlerweile war es alt und abgetragen und fast kahl. Es war nur noch ein schlaffes, formloses Etwas, dem jedoch immer noch ein strenger Pferdegeruch anhaftete. Linke Hand stellte sich vor, wie die Männer sich langsam aufrichteten und die Speere erhoben.

Nein, das war der falsche Gedanke! Wieder begann der Junge zu zittern, bestimmt dünstete sein Körper den Geruch der Erregung aus. Er musste an etwas Beruhigendes denken.

Er versuchte sich ein Feuer vorzustellen, das in der Dunkelheit brannte. Es war fast niedergebrannt. Nur noch die

Glut war zu sehen, und in der Glut lag etwas Dunkles, Gerundetes, das sich an den Rändern nach oben bog. Knusprig sah es aus – wie die Keule eines Ponys. So deutlich stand das Bild vor ihm, dass Linke Hand in Erwartung des köstlichen Dufts zu schnuppern begann.

Ein Geräusch weckte ihn aus seinem Tagtraum, es hörte sich nach Rupfen und Kauen an.

Die Stute hatte sich entschieden. Es war alles in Ordnung. Ihre Ängstlichkeit hatte sie getrogen. Nun senkte sie das Maul wieder tief ins Gras.

Langsam, ganz langsam richtete sich Linke Hand halb auf; so konnte er an dem Erdwall vorbeisehen.

In zehn Schritt Entfernung, die Flanke ihm zugewandt, stand glücklich grasend die kleine Stute. Ihr schweres Winterfell hing weit hinunter. Die zottige Mähne fiel ihr buschig über die Augen. Ihr Rücken und der obere Teil ihres schönen, vollen Leibes glänzten rötlich in der Sonne, während dort, wo der Bauch sich zu runden begann, das Fell schwarzbraun schattiert war.

Linke Hand vermochte nicht stillzuhalten. Er zitterte vor Hunger und von der Anstrengung des langen Weges, den sie geduckt zurückgelegt hatten. Er zitterte vor Hoffnung. Doch was ihn am allermeisten erzittern ließ, war die kalte Angst vor dem Versagen.

Als kleine Jungen hatten Linke Hand und Wildfänger Hasen gejagt. Sie hatten sich an sie herangepirscht, während die Tiere mümmelnd im Gras saßen. Ihre glänzenden, hervortretenden Augen hatten sie nach hinten zu den Jungen gewandt. Sobald diese näher kamen, spitzten die Tiere die Ohren. In diesem Moment der Unentschlossenheit, bevor der Hase beschloss loszurennen, konnten sich die Jungen auf ihn stürzen und ihn fangen. So hatte Wildfänger es berechnet, und auf diese Weise war es ihm bereits einmal gelungen, einen Hasen zu fangen. Linke Hand hatte jedes Mal tief Luft geholt und einen Satz gemacht, aber mit einer schnellen Bewegung seiner Hinterläufe war der Hase verschwunden und Linke Hand hatte nur Gras zwischen den Fingern. Nie hatte er es geschafft, einen Hasen zu fangen.

Jetzt war er zu groß für die Hasenjagd. Er war dabei, sich an ein Pony heranzupirschen, und wenn er hier versagte, wäre ein kalter Magen der Preis. Die Belohnung für den Erfolg jedoch wäre eine im Feuer brutzelnde, knusprige Keule. Dort war die Stute, zehn Schritte von ihm entfernt. Sie schob sich langsam nach vorn, erhob einen ihrer zierlichen Hufe und senkte ihn wieder, bevor sie sich niederließ, um mehr von dem köstlichen Gras auszurupfen.

Auf der anderen Seite der Stute bewegte sich ein Schatten. Linke Hand kniff die Augen zusammen. Das war gar kein Haufen steiniger Erde dort neben dem Schneeflecken! Das war ein Fohlen! Mit seinem braun und weiß gescheckten Fell lag es dort auf der dunklen Erde neben weißem Schnee, warf den Kopf hin und her, schnaubte und lag wieder still, die Hufe zierlich gekreuzt. Den Kopf aufrecht, die Augen geschlossen, döste das Fohlen in der prallen Sonne.

Hinter dem Fohlen stieg der Hügel an bis zum nahen Horizont, wo vermutlich die Männer warteten. Zwischen

Schneeflecken und Sträuchern sah Linke Hand sich etwas bewegen. Hier und da erzitterte das Licht durch die Bewegung, so wie die Luft durch Schall bewegt wird. Ein Klumpen Schnee fiel aufs Gras, hinter einem Busch war kurz der Schweif eines Ponys zu sehen. Auf dem stillen südlichen Abhang unter der schläfrigen Sonne wimmelte es von ihnen.

Jemand packte Linke Hand von hinten. Er spürte keuchenden Atem in seinem Ohr. Wildfänger hatte sich angeschlichen, ohne das leiseste Geräusch zu machen, ohne den kleinsten Schatten zu werfen. Noch immer graste die Stute, sich langsam vorwärts bewegend, noch immer wandte sie ihre herrliche Flanke den Jungen zu, die zitternd nebeneinander knieten, den Speer fest umfasst in der schwitzigen, klebrigen Hand. Würde der Wolf denn niemals heulen?

Ein Laut zerriss die Luft.

Die Stute warf den Kopf hoch. Die Muskeln im Hinterleib waren angespannt. Sie schaute zum Hügel, der den Jungen gegenüber lag.

Linke Hand riss seinen Speer hoch. Aber Wildfänger verstärkte warnend den Griff seiner Hand, die noch immer auf der Schulter des Freundes lag. Was sie gehört hatten, war nicht das Heulen des Wolfs gewesen. Es war der Schrei eines Hengstes.

Am Hang reckte die aufmerksam gewordene Herde die Köpfe aus dem Gebüsch. Schwarze, braune und graue Köpfe schauten zum Horizont, alle Ohren waren gespitzt, ein leises Schnauben war zu hören. Das kleine Fohlen kam schwankend auf die Beine und stellte sich neben seine Mutter.

Über die Kuppe des südlichen Hügels kam in großen Sprüngen ein Pony heran. Schwarz hob es sich vor dem leuchtend blauen Himmel ab. Als es ins Tal hinuntersprang, wurde ein zweites Tier vor dem Horizont sichtbar. Größer und tiefschwarz, Mähne und Schwanz so lang, dass sie im Wind der Bewegung flatterten, galoppierte der Hengst in großen Sprüngen hinter der schwarzen Stute her. Erregt und laut wiehernd machte er seinen Willen deutlich.

Mitten im Lauf blieb die Stute stehen. Sie warf ihr ganzes Gewicht auf die Vorderbeine. Blitzschnell schlug sie mit ihrer Hinterhand aus und trat den Hengst gegen den Kiefer. Selbst im Versteck der Jungen war der Schlag zu hören.

Der Hengst fiel nach hinten über. Er warf den Kopf hin und her und kam wieder auf die Beine. Noch während er sich erhob, bückte sich die Stute rasch, biss ihn in die Knie und galoppierte seitlich davon. Der Hengst sprang auf und folgte ihr. Dann machte er einen Bogen und kam von vorn auf sie zu, und die beiden Tiere stellten sich auf die Hinterbeine, schlugen mit den Vorderhufen in die Luft, wichen einander aus, bissen zu.

Jetzt!, dachte Linke Hand. Jetzt.

Die Aufmerksamkeit der Herde war auf die beiden Kämpfenden gerichtet. Die braune Stute hielt den Kopf von ihm abgewandt, ihre Ohren zum Horizont hin gespitzt. Hinter ihr sah Linke Hand die Beine des Fohlens, und er wusste, dass auch dessen scharfe junge Augen in eine andere Richtung blickten, den Hügel hinauf.

Sie könnten ebenso gut handeln, bevor der Wolf heulte.

So eine Gelegenheit würde sich ihm vielleicht nie wieder bieten. Jetzt war der Moment, um zuzustoßen.

Linke Hand zog seinen Speer zurück und richtete die Spitze leicht schräg gegen den Himmel aus, kurz oberhalb der Flanke der Stute. Der Speer würde einen sauberen Bogen beschreiben. Linke Hand erhob sich.

Wildfänger zog scharf die Luft ein.

Die Stute hatte die Bewegung als ein Aufblitzen in ihrem Augenwinkel wahrgenommen. Ihre gespitzten Ohren hörten den Atemzug. Sie ließ einen ohrenbetäubenden Warnschrei für die Herde ertönen und war im selben Augenblick auch schon auf der Flucht. Als der Speer des Jungen in dem berechneten Bogen angeflogen kam, machte die Stute einen Satz. Das Fohlen an ihrer Seite sprang auf, die heftige Bewegung der Muskeln zeichnete sich wellenförmig unter dem flaumigen Fell ab.

In diesem Moment heulte der Wolf. Zwei Gestalten tauchten plötzlich am Horizont auf. Zottig und von kleiner Statur, sahen sie auf diese Entfernung wie zwei Bären aus.

Speere flogen gleichzeitig aus verschiedenen Richtungen, zwei vom Hügel hinab, einer aus der Mulde heraus, als Wildfänger und die Männer in die Herde zielten.

Doch noch während die Speere im hohen Bogen durch die Luft flogen, kam Leben in die erschrockene Herde. Laut wiehernd und schnaubend flohen die Tiere. Die Erde dröhnte und erzitterte unter ihren schnellen Sprüngen. Die kleine braune Stute stürmte mit blitzenden Hufen davon, während der Speer des Jungen unter ihrem Leib hindurchschoss, ohne sie zu treffen. Hinter ihr sah Linke Hand die schnellen Beine des Fohlens sich beugen und strecken.

Das Dröhnen der Hufe zog vorbei und verstummte. Die schönen, wohl genährten Ponys, die am Morgen dunkle, runde Schatten auf die Erde geworfen hatten, waren nur noch dahinfliegende, immer kleiner werdende Flecken in der Ferne.

Leer lag nun die Ebene in der Mittagssonne, zwischen den hungrigen Männern, die hinabsahen, und den hungrigen Jungen, die hinaufschauten.

Vier saubere Speere mit Knochenspitzen lagen wie Kinderspielzeug verloren zwischen den Grashalmen.

2

Das Trockengestell für das Fleisch stand nackt in der grauen Morgendämmerung.

Zwischen vier knorrigen, windgebeugten Eichen hatten Großer Jäger und Bisonhorn Stämme junger Bäume befestigt, die sie mehr oder weniger horizontal von Baum zu Baum gebunden hatten. Andere waren über Kreuz darüber angebracht, hoch genug über dem Boden, um lange Streifen Fleisch zum Räuchern darüber hängen zu können. Am Fuß der Eichen lagen verschiedene Werkzeuge bereit, die nur darauf zu warten schienen, von fröhlichen Menschen benutzt zu werden: schmale Knochenklingen, schwerere Klingen, Steinäxte. Doch das Gestell stand leer da, ein kahles Gitternetz vor dem Himmel. Aus der Entfernung hätte man es vielleicht sogar für natürlich gewachsenes Astwerk halten können. Wie alles andere im Lager war es improvisiert und nicht auf Dauer eingerichtet.

Aus den tief hängenden Wolken kamen Schneeflocken, zögerlich noch und sanft. Solange sie einzeln fielen, zogen sie Spiralen, um dann weich auf dem harten Boden zu landen und zu schmelzen. Als jedoch die Wolkendecke zunehmend dichter wurde, kamen die weißen Flocken immer rascher angeflogen, wie ein Lichtschauer in mattem Dunst. Nun schmolzen sie nicht mehr, wenn sie auf die Erde fielen, sondern hielten sich mit kalten, klebrigen Fingern aneinander fest. So färbten sie den Boden weiß.

Auch das Trockengestell wurde weiß, seine strengen Linien verwischten sich und wurden sanfter. Die beiden durchlöcherten Fellzelte, die sich wie schutzsuchend aneinander lehnten, sackten unter dem Gewicht noch weiter in sich zusammen. Immer dichter fiel der Schnee, und die fast erloschene Glut in dem Ring aus Steinen zischte bei jeder Flocke, die ihr Herz traf.

Zusammengekauert saßen Linke Hand und Wildfänger in ihren Felljacken am Feuer und starrten in die Glut. Linke Hand stellte sich etwas Schwarzes, Heißes vor, das in der Glut brutzelte, etwas, das er einmal gesehen hatte, in einem Traum oder einer Vision. Wenn es ihm gelänge, dieses Bild im Kopf wach zu halten, so ließe sich sein Magen hoffentlich über das Gefühl der Leere hinwegtäuschen. Linke Hand strich sich mit den Fingern durch das dicke, dunkle Haar und kratzte sich überall, wo Läuse saßen. Er starrte in die Glut, in der seine Vision zu trauriger Realität verblasste. Die Wirklichkeit waren ein schlafendes Feuer, ein leeres Trockengestell und ein bitterkalter Morgen.

Etwas Hoffnung bestand noch. Frischer Schnee hatte bereits die Stiefelspuren der aufbrechenden Jäger verwischt. Mit noch halb geschlossenen, schlaftrunkenen Augen hatte Linke Hand von seinem Zelt aus zugesehen, wie Großer Jäger und Bisonhorn noch vor der Morgendämmerung ins Dunkel hinauszogen. Schwarz zeichneten sich ihre Gestalten gegen den Schein des Feuers ab. Sie griffen nach ihren Speeren und banden sich Knochenklingen an Schlaufen um die Hüften. Halblaut besprachen sie sich miteinander. Linke Hand hatte beobachtet, wie Bisonhorn kurz zu den Zelten hinüberdeutete, in denen Wildfänger und er noch in ihre warmen Rentierfelle gewickelt lagen. Er hatte auch die ablehnende Reaktion seines Vaters gesehen. »Ach was«, schien seine verächtliche Geste zu sagen. »Lass sie schlafen, die nützen uns doch nichts.« Bisonhorn hatte ihm mit einer kurzen Handbewegung zugestimmt und dann hatten sich die beiden Schatten entfernt. Die Sicht auf das Feuer war wieder frei.

Linke Hand musste an einen Wolf denken, den er einmal durch Wacholdersträucher hatte springen sehen. Er selbst hatte sich im Dickicht versteckt gehalten und die schlanke, rötliche Gestalt beobachtet, die wieder aus dem Gebüsch herausgesprungen kam, um dann seitlich zu verschwinden, ein roter Streifen zwischen dunkelgrünen Stacheln. Vor den

Wacholdersträuchern, gut sichtbar für Linke Hand, blieb der Wolf stehen und schaute zurück. Die Ohren gespitzt, den Schwanz hochgereckt, sah er dorthin, von wo ein Winseln zu hören war und wo die niedrigen Büsche gerade von einer Balgerei plattgedrückt wurden. Dann wandte er sich um und spazierte davon, von der Nase bis zum hin- und herschwingenden Schwanz erkennbar zufrieden. Er ging allein auf die Jagd und ließ seine Jungen zurück, die verdutzt an seiner Spur schnüffelten.

Wildfänger, auf der anderen Seite des Feuers, schniefte laut, dann hustete er. Seine Augen waren blau, hellblau wie ein Frühlingshimmel, aber matt und elend. Sein kräftiges blondes Haar war struppig und fiel ihm auf die von einer dünnen Schneeschicht bedeckten Schultern, die sich unter dem dünnen Umhang zusammenkrümmten. Er beugte sich wärmesuchend über das kleine Feuer. Plötzlich kauerte er sich noch mehr zusammen, so als wollte er sich verstecken. Erbitterung blitzte auf in seinen traurigen Augen.

Durch den dichter werdenden Schleier des fallenden Schnees war eine durchdringende, quäkige Stimme zu hören – mal schimpfend, mal prahlend, mal lachend. Je näher die Stimme kam, desto tiefer verkroch sich Wildfänger in seiner Jacke. Linke Hand hätte gelacht, wenn er dazu noch die Energie gehabt hätte.

Nun trat der Besitzer der quäkenden Stimme aus dem Schneetreiben heraus. Fink war noch klein; wenn er neben Linke Hand stand, reichte er ihm gerade bis an die Rippen. Wie Linke Hand hatte auch er braune Augen, doch in seinem runden Gesicht blitzten sie fröhlich. Mit den dünnen Armen presste er ein Bündel Zweige an die Brust. Er öffnete die Arme und ließ die Zweige kreuz und quer übereinander fallen.

Fink machte keine normalen Schritte, sondern tänzelte zum Feuer, wobei sein zerlumpter Umhang gegen seine mageren, nie stillstehenden Beinchen schlug. Als er die Wärme spürte, hielt er inne, bog den Kopf zurück, starrte Linke Hand an und stampfte mit dem Fuß auf. Dann ließ er den Umhang wie einen Schwanz nervös auf den Boden schlagen.

Linke Hand grinste.

Nach und nach wurde eine größere Gestalt durch den Schnee hindurch erkennbar. Eine Frau kam mit wankendem Gang auf Wildfänger zu und legte einen Arm voll Äste und Zweige in der Nähe des Feuers ordentlich am Boden ab. Es war Wildfängers Mutter, Strahlende Sonne. Niemand schaute sie je lang genug an, um zu bemerken, dass ihr einst sonnengelbes Haar nicht mehr leuchtete und dass ihr Gesicht seine strahlende Fröhlichkeit verloren hatte. Doch es war noch immer ein freundliches Gesicht, braun wie ein Tal im Spätherbst, mit zwei blauen Seen, die inmitten von Schatten glänzten.

Strahlende Sonne hockte sich hin und griff nach den Zweigen. Einen nach dem anderen nahm sie und speiste damit das Feuer, bis eine kleine Flamme aufloderte. Schon bald begann es zu knistern, zu prasseln und, wenn Schnee hineinfiel, zu zischen. Die Jungen rückten näher heran, beugten sich der Wärme entgegen.

Sobald das Feuer endgültig loderte, ließ Strahlende Sonne sich mit gekreuzten Beinen daneben nieder und öffnete ihren Umhang. Linke Hand verkrampfte sich, während er auf den schrecklichen Laut wartete, der jetzt kommen würde.

Der winzige, magere Säugling, der fest eingewickelt in dem Umhang gesteckt hatte, wandte sein bleiches Gesicht dem Licht zu. Die Augen zusammengekniffen, die Hände vor Zorn oder Schmerz zu Fäusten geballt, öffnete er seinen Mund erstaunlich weit und begann zu schreien.

Strahlende Sonne beugte sich über das Kind, hielt es dicht an ihren warmen Körper und drängte es zu trinken. Doch das Kleine war zu schwach, um zu saugen. Seine Kräfte reichten gerade dazu, zu schreien und sich zu winden, den Kopf hin und her zu drehen und die kleinen Fäuste zitternd zu bewegen. Strahlende Sonne beugte sich tief über das Kind, ihr zottiges langes Haar, auf das der Schnee sich immer dichter legte, hüllte es ein. Doch weder Kälte noch Schnee nahm sie wahr, noch die Jungen, die sie beobachteten. Ihr langsamer, geduldiger Geist kannte nur den einen Gedanken, das armselige Kind zu nähren und zu wärmen.

Fink brach das Schweigen. Er sprang auf und rannte umher, zeigte den anderen, wie er im Dickicht Stöcke aufgesammelt hatte. Er quiekte und schwatzte wie ein Eichhörnchen und erzählte lang und breit von dem Ausflug, den sie unternommen hatten, um Feuerholz zu holen.

Noch immer schrie der Säugling, plapperte Fink, zischte das Feuer. Linke Hand fühlte die Läuse in seinen Kleidern. Normalerweise ignorierte er sie, aber jetzt, wo sein Kopf matt und seine innere Kraft erschöpft waren, schienen diese Tiere das Lebendigste an ihm zu sein. Über das Feuer hinweg trafen sich die Blicke von Linke Hand und Wildfänger. Es bedurfte keiner Worte. Die Botschaft war abgesandt und die Vereinbarung mit einem Blick geschlossen.

»Los, Fink!«, rief Linke Hand. »Wir gehen auf die Jagd!«

»Jaaaaaaaa!«, brüllte Fink. Beide Arme schwenkend und wie ein Hase hüpfend rannte er los, um seinen kleinen Speer zu holen, der unter dem Trockengestell lag.

Wildfänger warf Linke Hand einen ärgerlichen Blick zu. Es hätte ihm gefallen, ebenso wie der Wolf einfach über den Wacholder zu setzen und schnüffelnd das Junge zurückzulassen. Aber er ging seinen Speer holen, suchte die Werkzeuge zusammen, die schon fast vom Schnee bedeckt waren, und lehnte sie übereinander gegen den Stamm einer Eiche.

Linke Hand winkte den beiden. »Auf geht's!«

Strahlende Sonne, die über ihr Kind gebeugt war, blickte nicht einmal auf.

3

Schnee fiel leise flüsternd auf die verkrüppelten Tannen. Immer schneller fiel er, in immer größeren Flocken. Wie flaumige Samenbällchen taumelten sie vor dem grauen Horizont, verschwanden in der weißen Landschaft und ließen sich für einen Augenblick auf einer Wange, einem Handschuh nieder.

Nie zuvor hatte sich Fink so weit vom Zeltlager fortbewegt ohne die Begleitung eines Erwachsenen. Hätte sie den Aufbruch der Jungen bemerkt, dann hätte Strahlende Sonne sie nicht gehen lassen. Doch wenn sie ihren kranken Säugling versorgte, vergaß sie alles, was sich außerhalb ihrer Arme befand. Sie hatte Fink vergessen. Sie hatte sie alle vergessen, so viel wusste Linke Hand.

Im Geiste sah er sie vor sich, wie sie am Feuer saß, wie sie ohne Hoffnung dem Säugling eine Melodie vorsummte. Das Kind schwenkte die geballten Fäustchen und weinte jämmerlich. Linke Hand überlief es kalt. Er riss seine Gedanken vom Lagerplatz los und schlug ein rascheres Tempo an.

Wie ein junges Rentier sprang er durchs Gehölz. Hinter ihm lief Fink, dem das Glück, bei diesem Abenteuer dabei zu sein, schier den Atem verschlug. So glücklich war er, dass er keinen Ton von sich gab.

Fink besaß mehr Energie als die beiden größeren Jungen zusammen. Das lag daran, dass er immer, wenn es Fleisch zu essen gab, mehr bekam, als ihm eigentlich zustand. Strahlende Sonne teilte ihre eigene Portion in ungleiche Teile auf und gab Fink das fettere Stück. Manchmal hob auch Großer Jäger einen besonderen Leckerbissen für ihn auf. Und selbst Linke Hand hatte in letzter Zeit festgestellt, dass es ihm unmöglich war, zwei Hände voll Fleisch für sich zu behalten, wenn Fink dastand und ihn anstarrte und seine braunen Augen plötzlich riesig aussahen in dem blassen, schmaler gewordenen Gesicht. Er kaute auf dem ersten Stück herum, so lange es ging, und redete sich ein, das andere Stück gäbe es gar nicht. Aber etwas schmerzte in seinem Inneren, und früher oder später sah er, wie seine Hand Fink das zweite Stück Fleisch hinhielt.

Deshalb konnte Fink aus purer Lust an der Bewegung rennen, anders als Linke Hand, dem nur daran lag, der Traurigkeit des Lagers zu entkommen. Fink hüpfte mit seinen kurzen, kräftigen Beinen und fühlte den Schnee, der weich und federnd unter seinen Stiefeln nachgab. Nur Wildfänger, der den beiden folgte, blickte mit den Augen eines Jägers umher. Er allein achtete auf Spuren, auf Erdlöcher und auf morsche Bäume, die kleinen Tieren als Versteck dienen mochten.

Eine winzige Bewegung nur, aber Wildfängers Augen war sie nicht verborgen geblieben. Abrupt blieb er stehen.

Ein großes Eichhörnchen setzte in flinken Sprüngen von einer Birke zu einer Eiche über. Zwischen den Zähnen hielt es vorsichtig einen gefrorenen Holzapfel. Es bewegte sich in Wellenbewegungen – erst formte der Körper einen Bogen, dann der lange, buschige Schwanz. Nun verschwand es hinter der Eiche.

Wildfänger wartete. Sein Blick wanderte den schweren grauen Stamm bis zur ersten Gabelung hinauf, die sich oberhalb seines Kopfes befand. Da, eine ruckartige Bewegung, ein Satz – da war das Eichhörnchen wieder.

»Linke Hand«, flüsterte Wildfänger.

Linke Hand hielt mitten in einem Schritt inne. Fink prallte gegen ihn, schrie kurz auf, war aber auf ein Zeichen von Linke Hand hin sofort still.

Einen Moment lang standen sie beieinander. Linke Hand lauschte dem Wispern des Schnees. Er sah in die Augen seines Bruders, die vertrauensvoll auf ihn gerichtet waren, und wusste auf einmal, wie es sein würde, erwachsen zu sein.

Dann schob er Fink zur Seite und schlich den eigenen Fußspuren folgend zurück zu Wildfänger, der still dastand und nur mit dem Kinn nach oben wies. Nun sahen auch Linke Hand und Fink die ruckartigen Bewegungen des Eichhörnchens in der Astgabelung der Eiche. Im nächsten Moment würde ihre Beute verborgen sein. Ganz in der Nähe gab es bestimmt ein Baumloch, in dem das Tier ihren Blicken entschwinden würde.

Gemeinsam liefen Linke Hand und Wildfänger vor und schleuderten ihre Speere.

Vielleicht war das Eichhörnchen, so wie die Jungen auch, kurz vor dem Verhungern. Vielleicht war es etwas benommen. Jedenfalls blieb es noch einen Augenblick sitzen und kaute an seinem gefrorenen Apfel, obwohl die Speere im Bogen an ihm vorbeiflogen, einer über ihm hinweg, einer unter ihm.

Linke Hand blickte sich nach einer anderen Waffe um und sah Fink, der im Begriff war zu werfen. Seinen Speer hatte er fallen gelassen. In der Faust hielt er einen Stein. Für die Hand des Jungen war der Stein so groß wie der Apfel für das Schnäuzchen des Eichhörnchens. Sein Handschuh konnte ihn kaum umfassen. Nie würde sein Arm ihn schleudern können.

»Nein!«, sagte Linke Hand und streckte die Hand nach

dem Stein aus. Fink bog den Arm zurück. Dunkel flog der Stein in den grauen Himmel.

Ein Schlag, ein Scharren. Das Eichhörnchen fiel zur Erde. Ohne den Apfel loszulassen, schlug es einen Purzelbaum in der Luft, Schwanz über Kopf, Kopf über Schwanz, und landete unverletzt im Schnee. Doch dort wurde es bereits erwartet von drei hungrigen Jungen mit Speeren und Stein. Von drei Seiten schlugen sie auf das Tier ein, bis das Eichhörnchen erschlaffte. Als Steine es hinter den Ohren trafen, schrie es gellend auf. Noch einmal sprang es in die Luft, dann fiel es kraftlos wieder zur Erde. Linke Hand schlug ihm mehrmals mit einem Stein vor die Stirn, bis die Augen des Tiers hervortraten und Blut aus der offenen Schnauze lief. Dann richtete er sich schwer atmend auf.

»Es gehört dir«, sagte Linke Hand zu Fink. »Nimm es aus!«

Es war üblich, dass die Männer die erlegten Tiere an Ort und Stelle ausnahmen, bevor sie sie nach Hause ans Feuer brachten, aber Fink wusste nicht, wie er es machen sollte.

»Ich zeig's dir«, sagte Linke Hand.

Er trat fest auf den Schwanz und streckte das Eichhörnchen aus. Mit seiner Knochenklinge stieß er unterhalb des Schwanzes in das Fell und ritzte es langsam bis zum Bauch auf. Wildfänger beugte sich hinunter, um ihm zu helfen, und bog das wertvolle Fell an der Schnittstelle zur Seite. Zwischen den sich öffnenden Hautfalten war jetzt die dunkelrote Leber erkennbar. Dampf stieg auf und ein beißender Geruch. Auf einmal fühlten die Jungen ihren Hunger, der zuvor nichts als matte Traurigkeit gewesen war. Sie fühlten ihn als Schmerz im Bauch und als Brechreiz im Hals.

Linke Hand zog sich mit den Zähnen die Handschuhe von den Fingern. Er krallte sich in der Bauchhöhle fest, ergriff die noch warmen Eingeweide, riss sie heraus und warf sie auf den Schnee.

Wie Falken, die sich vom Himmel hinunterstürzen, fielen die drei Jungen über das Festmahl her.

4

Wärme und Appetit durchströmten seinen Körper. Wieder trabte Linke Hand durchs Gehölz, gefolgt von Fink, der das steife Eichhörnchen auf seinem Speer aufgespießt trug. Sein Gesicht war gerötet vom Blut und von der Aufregung des Erfolgs. Wildfänger, aufmerksam wie immer, bildete das Ende der Reihe.

Plötzlich blieb Linke Hand stehen. Unmittelbar vor ihm war der Abdruck einer riesigen Pranke im Schnee zu sehen. Er bückte sich und legte seine Hand in die Spur, die hinten flach war und vorn Klauen aufwies. Die Hände von drei Jungen hätten in den Abdruck hineingepasst. Während er vor der Spur hockte, um sie zu messen, fiel Schnee auf seine Hand, und er sah, dass der Abdruck schon halb zugeschneit war.

»Wir können ihr nicht folgen«, murmelte Wildfänger. Er

stand über Linke Hand gebeugt. Scheu und wachsam flog sein Blick zwischen den Büschen und Bäumen hin und her.

»Was ist das? Was ist das?«, fragte Fink leise.

Linke Hand hatte diese Spur noch nie gesehen, aber er wusste ebenso gut wie Wildfänger, worum es sich handelte. Er hatte seinen Vater diese Spur zeichnen sehen – in Lehm, in Sand oder in Schnee.

»Es ist der Geist«, antwortete er Fink. »Der Geist, der unser Freund ist.« Und zu Wildfänger sagte er: »Wir können ihm folgen. Bestimmt will er, dass wir ihm folgen.«

Linke Hand hatte sich entschieden und er sprang auf. Sein Gesicht glühte vor triumphierender Erregung. Er wies mit dem Kinn in die Richtung, in der die Spur sich zwischen Bäumen und Büschen fortsetzte. Rasch wurde sie vom fallenden Schnee zugedeckt.

»Er wird uns helfen, wenn wir ihm folgen – macht schnell!« Ohne eine Antwort abzuwarten, folgte er der Spur. Zwei große Schritte musste er machen von einem Abdruck zum nächsten.

Zum ersten Mal in seinem Leben war Linke Hand in Hochstimmung. Er fühlte sich erhitzt und glücklich. Das Trockengestell im Zeltlager stand leer. Die letzte Ponyherde war nach Süden gezogen, die Rentiere aus dem Norden waren noch nicht angekommen. Und gerade in diesem Moment erschien der Geist. Seine Spur im Schnee war wie ein Regenbogen am Himmel, und ausgerechnet er, Linke Hand Nichtsnutz, hatte sie entdeckt! Ohne sein Vorbild hätte Wildfänger es nie gewagt, der Spur zu folgen. Wildfängers

Hand war ruhiger als seine eigene, Wildfängers Augen waren schärfer – aber Linke Hand hegte den Verdacht, dass er der Gewitztere von ihnen beiden war. Jetzt konnte er es beweisen!

Die Spur wurde klarer, und Linke Hand sah, dass allein der Abdruck der Klauen so lang war wie seine Hand. Er verlangsamte seine Schritte und spähte in die wirbelnden weißen Flocken. Hinter sich hörte er den leisen, verhaltenen Atem der anderen. Er blieb stehen. Durch den Schneeschleier hatte er blass eine massige dunkle Gestalt gesehen. Zwanzig Schritte vor ihnen bewegte sie sich schwerfällig voran. Ihr Gang war schwankend, der mächtige Kopf schaukelte hin und her.

Linke Hand hob warnend die gespreizte Hand hinter seinem Rücken und hörte, wie Fink die Frage, die er soeben stellen wollte, hinunterschluckte. Unbeweglich wie Felsblöcke standen die drei Jungen da, bis der Geist sich langsam entfernt hatte. Selbst dann warteten sie noch ab und lauschten den fernen Warnrufen einer Elster.

Nach einer Weile gingen sie weiter, schweigsame Schatten alle drei. Sie liefen hintereinander her, ruhig und leise atmend, während sie der sich fast verlierenden Spur folgten.

5

Dunkelheit senkte sich über das Land wie Schlaf. Nur die Schneeflocken glitzerten und schimmerten, wenn sie aus dem Dunkel in die glühenden Kohlen fielen.

Strahlende Sonne, die zusammengekauert beim Feuer saß, wirkte wie ein schneebedeckter Erdhügel. Ihre Welt war zusammengeschrumpft auf diesen rötlichen Lichtkreis, einen winzigen Punkt im kalten, schwarzen Universum. Was immer dort draußen in der Dunkelheit vor sich gehen mochte – Strahlende Sonne betraf es nicht.

Sie spürte, wie die Erde unter ihr leicht erbebte, und erkannte den gleichmäßigen Rhythmus der Schritte der Männer. Sie hob den Kopf und sah, wie die beiden aus dem Dunkel hervortraten und dann im Feuerschein vor ihr standen.

Die Gesichter, die sie schweigend grüßten, glichen einander vollkommen. Großer Jäger und Bisonhorn waren Zwillinge. Ihre Augen waren so braun wie die von Linke Hand, doch sie schauten weder furchtsam noch nachdenklich. Es waren dicht beieinander stehende, ruhige, leidenschaftslose Augen über Adlernasen und grau-scheckigen Bärten. Beide Männer hielten einen Schneehasen in der Hand wie eine Keule.

Strahlende Sonne murmelte erfreut einige Worte. Dann wickelte sie ihren bewusstlosen Säugling in ihren Umhang, um ihn vor den kalten Blicken der Männer zu verbergen. Ohne Fragen zu stellen, erhob sie sich eifrig und begann, den Hasen das Fell abzuziehen. Sie spießte die Tiere auf Stöcke und warf sie ins Feuer. Die Innereien fehlten – wo sie waren das verriet schon die Gesichtsfarbe der Männer –, aber es blieben doch noch ein paar Bissen Fleisch für jeden und zwei Felle. Ihr Gesicht hellte sich auf, während sie arbeitete, und sie schien mit einem Mal jünger.

Die Männer ließen sich beim Feuer nieder. Sie gähnten, entledigten sich ihrer Stiefel und streckten die Zehen der Wärme entgegen. Den ganzen Tag über waren sie in großer Entfernung vom Zeltlager auf der Jagd gewesen, um schließlich diese beiden Hasen zu erlegen, die ihnen kurz vor der Dämmerung über den Weg gehoppelt waren. Zwei kleine Hasen mochten kein großer Lohn sein für einen so langen Marsch an einem kalten Tag, aber die Männer waren zufrieden. Diese wenigen Happen würden sie bei Kräften halten, bis sie auf die nach Süden ziehende Rentierherde stießen, deren Ankunft sie erwarteten.

Um diese Jahreszeit wandten sich die meisten Lebewesen nach Süden. Es gab ein Flusstal, wohin die Menschen zogen, wenn die Sommersonne verblasste. Jetzt, wo es kräftig schneite, würde es ein großes Gedränge auf dem Weg ins Tal geben. Von allen nördlichen Bergen würden schwankende Zelte herunterkommen, die jeden Tag näher beim Tal aufgeschlagen würden.

Mehrere Winter waren vergangen, in denen die Männer ihr Jagdgebiet zu weit westlich gehabt hatten, um den Weg ins Tal wagen zu können. Diesen Winter hofften sie, das Flusstal rechtzeitig zu erreichen. Niemand hatte diese Hoffnung ausgesprochen, aber sie war da, und sie machte es möglich, dass sie jeden Tag aufs Neue, mit nur wenigen Aufenthalten oder Umwegen, weiterzogen, die Gesichter nach Südosten gerichtet.

Morgen würden sie wieder aufbrechen und vielleicht würden sie unterwegs größere Beute machen. Heute hatte es für ein kleines Abendessen gereicht, morgen mochte es eine richtige Mittagsmahlzeit geben. So konnten sie gelassen beim pfeifenden Feuer sitzen und zusehen, wie das schwärzer werdende Fleisch brutzelte und sich an den Rändern aufbog. Mit den Zehen wackelnd, schnupperten die Männer voller Vorfreude.

Nach und nach wurde ihnen bewusst, wie still es im Zeltlager war. Keine Stimmen drangen aus den Zelten, keine Fußspuren waren im Schnee. »Wo sind die Jungen?«, fragte Großer Jäger.

»Auf der Jagd.«

Schweigen. Die Männer dachten nach, aber keiner ihrer Gedanken spiegelte sich in ihren Mienen wider. Da sie wenig sprachgewandt waren, dachten sie in Bildern, etwa so wie die Tiere, die sie jagten. Die Bilder, die in diesem Moment in ihren Köpfen entstanden, waren fast die gleichen. Beide sahen sie drei Jungen vor sich, die müde durch einen Schneesturm trotteten. Ihre Hände waren leer. Die Speere hatten sie weit zurück irgendwo auf dem Weg fallen gelassen und vergessen. Zu erschöpft, um noch weiterzugehen, blieben sie stehen und drängten sich aneinander. Hasen sprangen um sie herum, Vögel flogen über ihren Köpfen, Mäuse flitzten zwischen ihren Füßen herum, doch die Jungen waren zu langsam, um irgendeinen dieser Bissen zu fangen. Nun redeten sie leise miteinander, wiesen nach Norden, nach Süden, nach Südosten. Offensichtlich hatten die Jungen sich verirrt.

Von diesem Punkt an unterschieden sich die Bilder. Bisonhorn sah, wie sein Sohn Wildfänger sich auf eine vorbeitrippelnde Ratte stürzte und sie einfing. Wildfänger hatte bereits einmal einen Hasen mit bloßen Händen gefangen, und im vergangenen Sommer hatte er sogar ein kleines Rentier erlegt, indem er sich aus einem Hinterhalt heraus mit einer Steinaxt in der Hand darauf gestürzt hatte. Bisonhorn schmunzelte in sich hinein. Solange Wildfänger dabei war, würden die Jungen nicht verhungern.

Die Bilder im Kopf von Großer Jäger waren weniger hoffnungsvoll. Er sah die drei Jungen im Schnee sitzen – was die größtmögliche Torheit überhaupt war – und seinen viel versprechenden kleinen Sohn zwischen den beiden Dummköpfen kauern. Großer Jäger stöhnte innerlich auf. Mochte Linke Hand ruhig dort sitzen und erfrieren, ihn kümmerte das nicht. Seit der Junge laufen konnte, hatte er noch nichts Richtiges zustande gebracht.

Eine Begabung hatte Linke Hand allerdings: Seine Linke Hand besaß magische Kräfte, die manchmal große Wirkung zeigten. Doch das gelang dem Jungen nicht immer und Großer Jäger hatte wenig Geduld für magische Experimente: Er wollte Ergebnisse sehen. Sollte Linke Hand es tatsächlich geschafft haben, sich zu verlaufen – Großer Jäger würde sich nicht die Mühe machen, ihm hinterherzujagen.

Mit Fink war das etwas anderes. Ihn zu verlieren hatte Großer Jäger nicht die geringste Absicht. Er sah sich bereits im ersten Licht der Morgendämmerung die Landschaft durchstreifen, rufend und suchend, ohne eine Spur zu entdecken. Großer Jäger seufzte.

Strahlende Sonne drehte die Spieße um. Inzwischen duftete das geröstete Fleisch schon herrlich, und die Männer beugten sich vor, um diesen Geruch, der Leben bedeutete, in sich aufzunehmen. Strahlende Sonne hob den Kopf und schüttelte den schmelzenden Schnee ab. Sie lächelte.

Die Männer sahen, wie ihr von Falten durchzogenes, erschöpftes Gesicht weicher wurde, und dann hörten auch sie, was die Frau als Erste wahrgenommen hatte.

Draußen in der Dunkelheit sprach jemand. Immer näher kam die Stimme, einmal quengelnd, dann wieder prahlend. Auch der Säugling im Umhang von Strahlende Sonne hörte die Stimme und begann leise zu weinen.

Linke Hand trat aus dem Dunkel heraus, mit den kräftigen Schritten eines Mannes. Seine Augen leuchteten, seine Wangen waren gerötet. Hinter ihm kam Fink angestolpert und lief direkt zu Strahlende Sonne, so wie ein Jäger zu seinem Feuer geht. An seinem halbhohen Speer hing ein steifer kleiner Körper, der mit Schnee und Blut bedeckt war.

»Ich hab es selbst erlegt!«, platzte er heraus, als er Strahlende Sonne das Tier hinwarf. »Das war, bevor wir den Geist gesehen haben. Der Geist hat uns so weit geführt, dass ich sicher war, wir hätten uns verlaufen!«

Ein schwaches Leuchten, das beinahe wie Interesse wirkte, erschien auf den sonst so unbewegten Gesichtern der Männer.

»Was für ein Geist?«, fragte Bisonhorn Wildfänger, der als Letzter ans Feuer trat.

Doch der ehrliche Wildfänger sah zu Linke Hand hinüber. Es war *seine* Geschichte!

Um Aufmerksamkeit bittend, hob Linke Hand die Arme. Aufrecht und gelassen stand er da und schaute einen nach dem anderen an, bis er sicher war, dass alle zu ihm hinsahen. Im flackernden Feuerschein sah er groß und ernsthaft aus – erwachsen.

Nun krümmte Linke Hand die Schultern, legte die Hände auf seine Knie und ließ den gesenkten Kopf hin- und herschwingen. So umkreiste er das Feuer. Die Männer verstanden sofort und murmelten aufgeregt. Strahlende Sonne zog Fink an sich, doch der wand sich aus ihren Armen und sprang mitten ins Geschehen.

Er griff nach seinem Speer, schaute sich erregt um und trat genau in die Fußspuren von Linke Hand. So zogen der Geist und der ihm folgende Jäger ihre Kreise ums Feuer.

Linke Hand blieb stehen. Fink blieb stehen. Linke Hand richtete sich hoch auf, tat einen tänzelnden Schritt und spreizte die Finger über der Stirn. Wieder liefen Fink und er rasch ums Feuer herum, die Köpfe hoch erhoben, die Finger gespreizt, schnüffelnd und schnaubend.

Die Männer waren aufgesprungen, ihre Augen leuchteten vor Erregung.

»Habt ihr eins erlegt?«

»Wo ist es?«

»Wie weit ist es?«

Voller Stolz schaute Linke Hand zu ihnen hinüber. Er wartete, bis es wieder still geworden war, und sprach dann leise in das gebannte Schweigen hinein.

»Der Geist hat uns den Weg zur Herde gewiesen und wir werden euch hinführen. Wir können sie morgen einholen.«

Der Mond

1

Mondlicht fiel auf den Schnee, fiel auf die Umrisse, die Linke Hand in den Schnee zeichnete. Er saß vornübergebeugt auf seinen Fersen, die Nase dicht über dem Boden. Seine Zungenspitze schaute zwischen den Zähnen hervor, während er in tiefer Konzentration mit einer Knochenklinge eine zittrige Linie nach der anderen in den Schnee zeichnete.

Bedächtig skizzierte er eine gewölbte Stirn, die zum geöffneten Maul hin abfiel. Seine Hand, die trotz der eisigen nächtlichen Kälte ohne Handschuh war, hob sich leicht und setzte wieder an der Stirn an, um ein blattförmiges Ohr, ein rundes Auge zu markieren. In dem wundervollen, milchigen Mondlicht, in dem er die Zeichnung sah, erschien ihm dieses Auge erschrocken, funkelnd vor Entsetzen.

Mit zwei raschen, parallel laufenden Strichen skizzierte er den Körper. Zwei gerade Linien, je eine an beiden Enden, waren die Beine, und ein plötzlicher Aufwärtsschwung machte den Schwanz sichtbar.

Nachdenklich kauerte Linke Hand über seiner Zeichnung. Trotz seiner inneren Erregung sah er, dass etwas nicht stimmte. Das hier war kein Tier, es war nichts weiter als eine Ansammlung von Linien. Magie war schwerlich darin zu sehen. Wenn er sich mehr anstrengte, würde es ihm vielleicht gelingen, den Zauber zu verstärken, der, wie ihm sein hungriger Magen sagte, nicht stark genug sein konnte.

Der Kopf war ihm gut geraten – das Ohr, das ängstliche Auge – , aber der Körper war zu steif. Mit einer kurvigen Linie machte er den Bauch kräftiger, dann erhöhte er den Rücken unmittelbar vor dem Schwanzansatz durch einen leichten Buckel.

Jetzt sah er es. Es waren die Beine! Diese zwei geraden Linien – mit einer ungeduldigen Handbewegung wischte er sie weg. »Nicht so hastig«, sagte er leise zu sich selbst, während er wieder zu zeichnen begann. Er spürte, wie ihm vor Anstrengung der Schweiß ausbrach. »Denk nach, bevor du einen Strich machst ... die Vorderbeine abgeknickt ... Hinterbeine gestreckt ... die Hufe zeigen nach oben ... so.« Er hob die Hand und lehnte sich ein Stück zurück. Jetzt sprang Magie aus der Skizze wie ein Quell aus der Erde.

Das Rentier, das er in den mondbeschienenen Schnee gezeichnet hatte, war noch jung. Der schlanke Nacken, die zarten Linien der Beine und vor allem das Fehlen eines Geweihs zeigten, dass es sich um ein Kalb handelte. Schön war es und ganz lebensecht, nur hatte es kaum genug Fleisch am Körper, um auch nur einen Fuchs satt zu machen.

Die allmächtige Hand des Künstlers schwebte über der Zeichnung, bereit, sie mit einer Bewegung auszulöschen. Doch Linke Hand zögerte noch. Er erkannte, dass es nicht notwendig war, das Kalb zu zerstören. Er konnte es wachsen lassen.

Probeweise verstärkte er den Nacken und die Schulter.

Gut! Er gab dem Tier eine Mähne und versah das hintere Bein mit einem Muskel. Gut! Nervös mit der Knochenklinge spielend, beugte er sich mit großem Ernst tiefer hinunter, um zu den letzten Strichen anzusetzen – dem Geweih.

Zwei gegabelte Stöckchen wurden an den Kopf angefügt. Schnell wischte Linke Hand sie wieder weg, während er kaum hörbar flüsterte. Mit geschlossenen Augen versuchte er sich ein Rentiergeweih vorzustellen. Doch die Bilder vor seinem inneren Auge verschwammen und gingen ineinander über; er konnte sie einfach nicht deutlich sehen – zu sehr war er sich des immer höher am Himmel stehenden Mondes und der ungeduldigen Seufzer der Umstehenden bewusst.

Als er die Augen wieder öffnete, sah Linke Hand auf dem Schnee, nur einen Schritt vor sich, den Schatten eines Geweihs! Schwarz auf weiß stand das Bild ganz deutlich vor ihm. Seine Augen nahmen die Form des Geweihs in sich auf, kraftvoll strömte das Bild von den Augen in seine Hand, von der Hand in den Schnee. Bald galoppierte dort ein vollkommenes Rentier, mit gebeugten Beinen, wachsamen Augen und mächtigem Geweih.

Linke Hand ließ sich auf die Fersen zurücksinken und betrachtete sein Bild. Das Herz wurde ihm weit. Er fühlte, wie es sich ausdehnte, bis es die Brust ganz auszufüllen schien. So sehr freute er sich, dass sein Herzschlag ihm in den Ohren dröhnte und der Atem schneller ging.

Es war dasselbe Gefühl, das er immer hatte, wenn er eine Speerspitze anfertigte. Sorgfältig schnitzte er dann an einem Knochen, mit angehaltenem Atem formte er die Spitze.

Irgendwann kam der Moment, in dem die Speerspitze fertig war, wenn er sie in seiner Hand halten, sie in der Hand wiegen konnte. Dann wusste er, dass sie sich zwar außerhalb seiner befand, in Wirklichkeit aber ein Teil von ihm war. Der schönste Augenblick war immer der, wenn Großer Jäger die Speerspitze hob, sie in der Hand wog und anerkennend nickte. Wenn sie Großer Jäger gefiel – wenn sie überhaupt jemandem gefiel, und wenn es bloß Wildfänger war –, dann erst gab es sie wirklich. Dann war sie geboren worden wie ein Kind, aus dem Traum in die Wirklichkeit hinein.

Widerstrebend löste Linke Hand nun seinen begeisterten Blick von der Zeichnung. Er sah hinüber zu dem Schattengeweih, das sich auf der anderen Seite der Zeichnung schwankend bewegte. Sein Blick wanderte an der Schattengestalt hinab bis hin zu den Stiefeln aus Rentierfell, und glitt dann an den stämmigen Beinen aufwärts, die breit und wie verwurzelt dastanden, bis hinauf zu der abgetragenen Jacke und dem aufmerksamen Gesicht von Großer Jäger.

Ihre Speere in den Händen, standen die beiden Männer nebeneinander. Beide waren in Rentierfelle gehüllt, über den Köpfen gabelten sich die Geweihe. Das an der Stirn eingerissene Fell rutschte ihnen fast über die Augen, die hungrig auf die magische Abbildung starrten. Wildfänger stand im Hintergrund. Sein hellhäutiges, hübsches Gesicht sah mürrisch aus.

Großer Jäger beugte sich hinunter, um die Skizze aus der Nähe zu betrachten. Für ihn stand sie auf dem Kopf, deshalb ging er auf die andere Seite, um sie richtig sehen zu können. Er hockte sich hin und blickte fragend zu seinem Bruder hoch.

Bisonhorn nickte zustimmend.

Linke Hand verschränkte die Arme vor der Brust und kniff sich selbst. Er fühlte sich, als müsse er gleich vor Stolz platzen und seiner Freude freien Lauf lassen.

Großer Jäger griff nach der kleinen Knochenklinge, die an seinem Gürtel hing, und setzte die Spitze an seinen Daumen an. Er presste sie fest in die Haut, bis sich der Einstich vergrößerte. Schwarz schimmerte im Mondlicht der Tropfen Blut, der langsam aus der Wunde heraustrat. Großer Jäger beugte sich vor und bewegte den Daumen über der Zeichnung hin und her. Blut tropfte auf den Kopf des Rentiers. Schweigend und mit ernster Miene stach sich nun Bisonhorn in den Finger. Dann trat, die Klinge in der Hand, auch Wildfänger in den Kreis.

Eilig griff Linke Hand nach seiner eigenen Klinge und drückte sich die Spitze in den Daumen. Er fühlte den Schmerz kaum und schaffte es, dieselbe ernste und gelassene Miene aufzusetzen wie Großer Jäger, während das Blut auf seine Zeichnung tropfte.

Nun stießen die Jäger ihre Speere in den Schnee und kauerten sich neben Linke Hand. Rings um das Rentier herum drückten sie ihre Handflächen mit den gespreizten Fingern in den Schnee, mal hier, mal dort, bis die Handabdrücke aussahen wie Fußspuren eines grässlichen Ungeheuers, das dem Rentier nachsetzte. Wo auch immer das in den Schnee gezeichnete Tier ausscheren wollte, es gab kein Entkommen – jedes Mal lief es geradewegs in die Abdrücke der Hände.

Großer Jäger machte deutlich, dass noch etwas fehlte. Er hielt seinen Speer hoch, und zwar so, dass der Schatten über das Rentier fiel. Rasch zog Linke Hand vier gerade Striche, die sich in das Tier bohrten – in Hals, Brust, Bauch, Hinterteil.

Damit war die Linienführung der Zeichnung unterbrochen, und die unbändige Freude, die Linke Hand bei ihrem Anblick gespürt hatte, verließ ihn. Gleichgültig erhob er sich mit den Jägern und ging davon. Sollte der Mond über seine Zeichnung wachen.

Später in der Nacht trippelte eine Maus darüber und löschte sie aus.

2

Mondlicht fiel auf die Herde im Tal. Schwankende Geweihe glänzten im weißen Licht und ließen die moosbewachsene Schlucht wie ein Gehölz aussehen. Die Luft war erfüllt von dem ständigen Klicken aneinander stoßender Geweihe, Hufe und Gelenke. So weit das Auge des Kalbes reichte, sah es andere Rentiere, die ästen, im Schnee scharrten oder schliefen.

Das Rentierkalb war es gewohnt, sich inmitten der Herde aufzuhalten, eingezäunt von zahllosen schlanken Beinen und umgeben von dem Geruch von Milch, Moos und Rentieren. Hier am Rande der Herde versank es jedoch in einem Meer neuer Wahrnehmungen. Hier begann eine andere Welt, in der die Beine und Geweihe von Rentieren nicht vorkamen. Nur gelegentlich trug der kalte Wind ihm den Geruch von Moos zu; andere Gerüche vermischten sich damit und ließen das Kalb Witterung aufnehmen.

Vor ihm erhob sich die vereiste Felswand der Schlucht, die doppelt so hoch war wie es selbst. Wacholdersträucher wuchsen über die Kuppe, dahinter hing der Mond. Eisiger Wind kam heulend über die Felswand, und die geblähten Nüstern des Kalbes witterten unbekannte Gerüche, darunter zwei, die äußerst unangenehm waren. Der eine war recht nahe, der andere schwächer und weiter entfernt. Aber keiner von beiden löste irgendein Bild im Kopf des Kalbes aus. Es schnaubte, um die Nase freizubekommen, und sprang dann zu seiner Mutter zurück, die zufrieden wiederkäuend in einem weichen Schneebett lag und es beobachtete.

Auch Linke Hand beobachtete das junge Ren. Zwischen die Wacholdersträucher auf der Kuppe der Felswand geduckt, sah er, wie es näher kam und am Fuß des Felsens stehen blieb, mit dem Schwanz schlug und sich mit weit aufgerissenen, dunklen Augen umschaute. Er sah, wie es Witterung nahm, sah den überraschten Blick. Sein Herz schien stillzustehen, doch das Kalb schaute auf und an ihm vorbei mit großen, fragenden Augen. Dann schnaubte es, machte einen Satz und lief in großen Sprüngen zur Renkuh zurück.

Linke Hand betrachtete es aufgeregt. Es war das Kalb, das er auf der Waldlichtung gezeichnet hatte. Kein Zweifel, es war dasselbe Tier! Wirklich überrascht war er nicht, denn er wusste ja um seine magischen Kräfte. Er wandte seine Augen von dem Kalb ab und ließ seinen Blick durch die Schlucht schweifen, durch den Wald von Geweihen und Rentierkeulen. Beim Anblick von so viel Fleisch in so großer Nähe erwachte der Hunger in ihm wie ein plötzlicher Schmerz. Wenn er jetzt die Augen schloss, würde er im Dunkel seines Kopfes ein schwaches Feuer sehen, eine knusprige Rentierschulter …

Würde der Wolf denn niemals heulen?

Linke Hand warf einen Blick hinüber auf die andere Seite der engen Schlucht, die nur etwa zehn Schritt breit war. Sofort trafen sich seine Augen mit den gierigen Augen Wildfängers, der wie ein hungriger Wolf durch die Wacholdersträucher spähte.

Rasch besann Linke Hand sich wieder. Auf keinen Fall durfte das Kalb seinen Hunger spüren. Er zwang sich zur Ruhe. Still saß er da und lauschte dem Blöken und Klicken der Rentiere.

Die Renkuh kam schwankend auf die Beine. Mit erhobenem Kopf und gerunzelter Nase schaute sie Linke Hand direkt ins Gesicht … Nein, sie sah an ihm vorbei.

Weit unten am südlichen Ende der Schlucht heulte ein Wolf.

Die Blicke von Linke Hand und Wildfänger trafen sich und ein Gedanke blitzte zwischen ihnen auf. Vielleicht war es ja ein echter Wolf!

Die Rentiere hoben witternd ihre Köpfe. Die Renkuh

stampfte mit dem Huf auf; noch immer ging ihr Blick über Linke Hand hinweg. Wieder heulte der Wolf, dieses Mal klang er schon wütend.

Die Jungen erhoben sich gleichzeitig. Mit markerschütterndem Gebrüll schleuderten sie ihre Speere.

Ihre Aufgabe war es, die Herde zu erschrecken und den wartenden Männern zuzutreiben. Linke Hand nahm sich nicht die Zeit, sorgfältig zu zielen, und war wenig erstaunt, als er sah, wie sein Speer ein gutes Stück hinter dem Kalb in den Schnee stieß. Er hatte den Speer auf das Kalb gerichtet, weil es mit ihm magisch verbunden war. Die Kuh hätte ein besseres Ziel abgegeben, doch jetzt war es zu spät, darüber nachzudenken. Er sprang den Abhang hinunter, um sich seinen Speer zurückzuholen.

Ein junger Hirsch schleppte sich benommen an ihm vorbei. In seiner kräftigen Flanke steckte ein Speer. Blut strömte aus der Wunde und lief am Schaft des Speeres entlang. Wildfänger hatte gut gezielt. Der Hirsch würde umfallen, noch bevor die Männer ihn auch nur angerührt hätten. Es würde das zweite Tier sein, das Wildfänger erlegt hatte.

Nun befand sich das Kalb wieder inmitten der Herde, von Schultern und Geweihen gepufft und gestoßen. Zwischen den unablässig sich bewegenden Beinen hindurch sah es zwei Gestalten auf sich zurennen; Stöcke flogen vor ihnen her. Seine Mutter drängte es zur Seite, dass es fast umfiel, doch dann erhielt es von der anderen Seite her einen Stoß. Die Herde galoppierte. Die Erde dröhnte, Schnee flog auf unter hundert peitschenden Hufen. Das Kalb konnte nicht sehen, wohin es lief. Es folgte dem weißen Hinterteil vor ihm und rannte davon vor den brüllenden Stimmen in seinem Rücken.

Die Verfolger spürten den dröhnenden Hufschlag der galoppierenden Herde in ihren Füßen. Ihre Körper fühlten den Pulsschlag des Hungers, ihres eigenen hämmernden Blutes. Um sie herum war ein gewaltiges Getöse.

In der Mitte der Schlucht ließ die rasende Herde eine dunkle Gestalt im Schnee zurück. Wildfängers Hirsch lag gekrümmt auf der Seite, mit den Enden seines kurzen Geweihs wühlte er Schnee und Erde auf. Wildfänger hielt im Laufen inne, um seinen Speer aus dem Körper des Tieres herauszuziehen. Linke Hand sprang über das Ren hinweg und lief weiter.

Das Kalb prallte gegen die vor ihm laufenden Tiere. Die Herde war plötzlich stehen geblieben. Spitze Hufe traten ihm in den Rücken, schlugen es zu Boden. Durch den Wald von Beinen sah es neue Schrecken herannahen, zwei Wesen mit Geweihen, die auf seltsame Weise nach Rentier rochen. Ein Stock kam geflogen und bohrte sich in die Schulter des großen Rentiers an der Spitze. Der Hirsch sackte in sich zusammen. Die Herde teilte sich und strömte um ihn herum und zwischen den beiden furchterregenden Gestalten hindurch. Das Kalb beeilte sich, auf die Füße zu kommen, und stürzte blindlings vorwärts.

Über den Rücken des Kalbes flog der Speer von Großer Jäger und bohrte sich in den Körper der Kuh. Das Kalb floh aus der Schlucht in die weite, mondbeschienene Ebene.

3

Mondlicht fiel auf zertrampelten Schnee, auf blutgetränktes Moos, auf die aufgeregten, ausgelassenen Menschen, die inmitten ihrer Beute umherliefen.

Linke Hand stopfte im Stehen zwei Hände voll mit Eingeweiden in sich hinein. Warmes Blut lief an seinen Fingern herunter und er leckte es ab. Strahlende Sonne beugte sich über eines der erlegten Tiere und zog ihm mit den Händen und einer Knochenklinge das Fell ab. Ihre Haare leuchteten weiß im Schein des Mondes, ihre Hände blutig schwarz. Wildfänger kam und reichte ihr einen Klumpen Eingeweide, den er in seinen zur Schale geformten Händen hielt. Fink sprang auf und stellte sich mit gierigem Blick neben sie.

Wie zu erwarten war, gab Strahlende Sonne die Eingeweide an Fink weiter und leckte sich nur das Blut von den Händen, während das Kind abwechselnd aß und lachte und wie ein Wolfsjunges um den Kadaver herumsprang. Linke Hand lachte glucksend mit vollem Mund, während Wildfänger zu den Männern zurücklief, um beim Ausweiden der Tiere zu helfen.

Untätig stand Linke Hand herum, denn er hatte kein einziges Tier getötet, deshalb durfte er keinen Bauch aufschlitzen und die daraus entnommenen dampfenden Schätze austeilen. Höchstens konnte er Strahlende Sonne beim Häuten der Tiere behilflich sein. Später würde er sich vielleicht dazu entschließen, aber nicht jetzt, während die anderen freudestrahlend ihre Beute ausnahmen.

Er sah sich nach Wildfängers Ren um. Es lag fünfzig Schritt hinter ihm im Schatten des Abhangs. Man hätte es für einen Felsblock oder einen Mooshügel halten können, wäre da nicht der weiße Bauch gewesen, der schwach im Mondlicht schimmerte.

Langsam ging Linke Hand zu dem Tier zurück. Er bückte sich, die Klinge in der Hand. Die Luft um ihn herum war schwer vom Geruch des Blutes. Nur dieses eine Tier lag noch unberührt da, noch lagen seine Organe ungesehen unter der Haut. Linke Hand fühlte die Versuchung. Seine Hand mit der Klinge streckte sich aus – und hielt inne. Er hatte kein Recht dazu.

Er drehte den Kopf und rief Wildfänger zu: »Komm her und nimm dein Ren aus!«

Strahlende Sonne schaute zu ihm herüber. Ihre Augen waren zwei riesige dunkle Höhlen, eine dritte Höhle ihr Mund.

Fink brach mitten im Sprung ab, landete gebückt auf der Erde und klammerte sich an ihren Arm. Sein Mund blieb offen stehen, ein klaffendes schwarzes Loch.

Weiter hinten standen die drei Jäger beieinander. Sie blickten starr, Eingeweide fielen ihnen unbemerkt aus den Händen. Wildfänger wies mit der Hand auf etwas, das sich hinter Linke Hand befand, gerade so, wie die Renkuh über ihn hinweggesehen hatte.

Linke Hand blieb genügend Zeit, sich dieses Bild einzuprägen, bevor er gepackt wurde.

4

Gewaltige Klauen kratzten ihm Brust und Bauch auf, Wunden brannten in seinem Fleisch. Einmal, zweimal, dreimal durchfuhr ihn der Schmerz wie ein Blitz, dann fühlte er nichts mehr.

Seine offenen Augen konnten auch weiterhin sehen. Die Pranken, die ihn hielten und aufrissen, schienen schwarz im Mondlicht. Haarig waren sie und stark wie die Hände von drei Männern. Nun wusste er, wer ihn da hielt, wessen wütendes Knurren sich in seinen Kopf eingrub.

Ob die Männer sich bewegen würden?

Wie Felsblöcke standen sie da, die Augen traten ihnen aus dem Kopf, der Mund stand weit offen. Sie kannten keine Furcht vor Tieren. Aber dieser Feind war nicht ausschließlich Tier.

Strahlende Sonne war die Erste, die sich bewegte. Mit schrillen Schreien sprang sie auf. Die Finger wie Klauen gespreizt, sprang sie nach vorn. Sie war unbewaffnet, selbst ihre Knochenklinge hatte sie fallen gelassen, aber ihre gekrümmten, blutigen Finger, ihr wirres, langes Haar und ihr von Wut und Todesangst verzerrtes Gesicht ließen den Bären innehalten.

Er schob seine lange Schnauze über die Schulter von Linke Hand und knurrte Strahlende Sonne an.

Durch die Kiefer mit den Reißzähnen hindurch, die sich gegen seine Wange pressten, sah Linke Hand, wie Fink aufsprang. Er konnte es nicht glauben, aber Fink packte ein abgetrenntes Geweih und lief mit gellenden Schreien auf ihn zu.

Linke Hand fühlte, wie er hochgehoben und nach hinten geschleift wurde. Die eine Pranke des Ungeheuers hielt ihn fest, während die andere über seine Schulter nach Strahlende Sonne und Fink langte. Die beiden hüpften wie Hasen, schrien laut und zerfurchten die Luft mit Fingern und Geweih.

Jetzt endlich kam Bewegung in die Jäger. Durch einen dichter werdenden roten Nebel sah Linke Hand, wie sie auf ihn zurannten. Sie hielten die Speere weit nach hinten, um den Geist, der ihr Freund war, nicht zu verletzen, aber immerhin hielten sie die Speere in ihren Händen und rammten sie in die Luft, während die Klauen des Tieres sich weiter in Linke Hand krallten und die Frau und das Kind um den Bären und ihn herumsprangen. Die Luft war erfüllt von Schreien, Schnauben und Knurren. Manchmal trafen die Speerspitzen auch Linke Hand, doch meistens prallten sie gegen die Flanken und Pfoten des Bären.

Großer Jäger schaffte es, sich dem Tier von der Seite her zu nähern, und versetzte ihm einen heftigen Hieb. Linke Hand fühlte, wie sich der Griff lockerte und er fallen gelassen wurde. Der haarige Fuß mit den langen Klauen, der zu dem Geist gehörte, dessen Spur er verfolgt hatte, stand unmittelbar vor seinen Augen, wie eine Eiche im Boden verwurzelt. Dann erhob er sich und zog sich zurück. An seine Stelle trat ein Fellstiefel, der gegen die Pfote wie ein Schössling wirkte. Mondlicht und Schatten vermischten sich und verschwammen im dichter werdenden roten Nebel.

Die Finsternis

1

Weit war der Weg im Mondlicht, den das Renkalb rennend zurücklegte. Unablässig beugten und streckten sich seine langen, kräftigen Beine, sein Herz pochte laut und gleichmäßig. Seine Sinne waren empfindungslos für das Weiß ringsumher, das Schneeweiß und das Mondweiß, taub für das Keuchen der anderen Rentiere, die mit ihm rannten, und das Klicken ihrer Geweihe. In seinem Kopf war nur Raum für das Bild zweier furchterregender Gestalten, der geweihtragenden Ungeheuer. In den Ohren des Kalbs hallte noch immer ihr Gebrüll, seine Nüstern waren voll von ihrem Geruch.

Als das Pochen seines Herzens zu einem schmerzhaften Hämmern wurde, lief das Ren langsamer. In raschen, stechenden Atemzügen rang es nach Luft. Es stolperte und blieb schließlich stehen. Langsam regte sich sein Gehirn und das Ren erwachte aus einem Alptraum.

Weißes Schweigen herrschte ringsumher. Das Tier spitzte die Ohren. Kein Laut war zu hören außer den vertrauten Geräuschen der Rene, und die drangen aus weiter Ferne zu ihm. Unter Mühen hob es den Kopf und blähte die Nüstern, doch da war nicht der kleinste Hauch des Geruchs dieser Ungeheuer. Das Kalb begann sich umzuschauen.

Das Rudel hatte sich über einen weiten, sanft geschwungenen Abhang verteilt. Gebüsch und junge Bäume nahmen dem Kalb die Sicht, aber nachdem es eine Weile in die Richtung gestarrt hatte, aus der ein Schnaufen zu hören war, bemerkte es etwas Großes, Graues, das von einer Weidengruppe halb verdeckt wurde. Jetzt schlug die graue Gestalt mit dem Schwanz, und dieses Aufblitzen im Schatten ließ das Herz des jungen Rentiers vor Freude einen kleinen Satz machen.

Es wandte sich um und rannte in stolpernder Hast zu den Weiden hinüber. Noch im Laufen fühlte es bereits die raue Zunge der Renkuh, die seine Schulter leckte, schmeckte es die warme Milch. Ungeduldig taumelte es fort von seiner Einsamkeit, hin zu der grauen Gestalt.

Es war nicht die Renkuh. Das Kalb wusste es bereits, bevor es um die Weiden herumgelaufen war. Niedergeschlagen stand es da und sah dem schnaubenden Ren nach, das sich langsam entfernte. Es war ein alter Hirsch, dessen schweres Geweih und schneeweiße Halskrause das knochige Hinterteil fast zierlich erscheinen ließen. Er blieb stehen und drehte sich nach dem Kalb um. Seine Augen blickten zunächst erschrocken, wurden dann aber freundlicher. Dann wandte er sich ab und setzte seinen langsamen Weg über den Abhang fort. Das Kalb folgte ihm. Es war ihm unmöglich, allein zu bleiben.

So zog das ungleiche Paar durchs Gebüsch, stieß hier gegen Zweige, schnappte dort nach winterlich geschlossenen Knospen. Andere Tiere traten schattenhaft aus dem Dickicht, aus dunklen Mulden. Nach und nach kamen die Tiere aus allen Richtungen, um sich zu sammeln. Dann zog das Rudel auf der Bergseite weiter, wo es geschützt war vor dem Licht des untergehenden Mondes.

Wann immer ein neues Tier zu ihnen stieß, nahm das Kalb hoffnungsvoll Witterung. Sobald ein erwachsenes Herdenmitglied sichtbar wurde, rannte es los, um bald darauf mitten im Lauf innezuhalten und betrübt nach einem anderen Tier Ausschau zu halten. Der Geruch von Rentieren, der es umgab, war überwältigend, und doch sah es sich weiter suchend um und blähte die Nüstern, um die zu finden, an deren Seite es immer gelaufen war, gegrast und geschlafen hatte.

Als sich die erschöpften Tiere im Schnee niederließen, um zu rasten, blieb das Kalb mutterseelenallein. Keine warme Flanke war da, an die es sich hätte schmiegen können, kein nach Moos riechender Atem, der sich mit dem seinen vermischte. Es legte sich auf die Seite und streckte sich aus, Nase, Schwanz und Hufspitzen gereckt. Ein scharfer Schmerz durchzuckte es, der quer durch seinen Magen ging. Das junge Rentier warf den Kopf hoch und versuchte aufzustehen. Der Schmerz wurde schlimmer und hörte nicht mehr auf, und es konnte nicht aufstehen, weil es in etwas eingewickelt war.

Es riss die Augen weit auf und schaute ängstlich und unsicher in das schwächer werdende, graue Mondlicht.

Nach einer Weile fragte es sich: »Wo bin ich?«

Mit einem Mal kam Linke Hand zu sich. Er war ja gar

kein Rentierjunges. Er hatte keine müden, schweren Hufe. Seine Füße waren umschlossen von steifen Stiefeln und lagen Seite an Seite, so als wäre er tot. Die rasende Flucht, die Suche nach der Renkuh, das sich sammelnde Rudel – all das hatte er nur geträumt. Die Wirklichkeit war dies: Dunkelheit, Schmerz, ein dickes, warmes Fell, das fest um ihn herumgewickelt war, und eine Einsamkeit, die größer war als die des verwaisten Renjungen.

Das junge Rentier hatte kräftige, schnelle Beine. Seine Augen, Ohren und Nase waren bereits voll entwickelt. Es brauchte die Renkuh nur, weil es bei ihr Wärme und Geborgenheit fand.

Linke Hand hingegen besaß keine Kraft. Er wusste, dass er irgendeine schlimme Verletzung erlitten hatte. Langsam erinnerte er sich an das, was geschehen war. In die Leere starrend, sah er wieder das grässliche, grinsende Maul vor sich, wie es sich unmittelbar an seiner Wange vorbeischob, sah die ausgestreckte, zum Schlag bereite Pranke mit ihren langen, gebogenen Klauen. Linke Hand begann unter seiner Felldecke zu schwitzen. Er erinnerte sich, wie sein Vater zusammen mit Bisonhorn und Wildfänger dagestanden und zugesehen hatte, als der Bär ihn packte.

Waren sie inzwischen weitergezogen und hatten ihn zurückgelassen? Er konnte sich das gut vorstellen. Niemand hätte ein Wort gesprochen. Es hätte nur einer einzigen Geste seines Vaters bedurft. Großer Jäger hätte die Hand ausgestreckt, die Handfläche nach unten, die Finger gespreizt, und die anderen hätten das Fleisch in Häute gewickelt und wären aufgebrochen. Strahlende Sonne hätte ihn vorher noch fest in ein Fell gewickelt – ihr Abschiedsgeschenk – und Fink hätte sich noch einmal umgesehen und flüsternd gefragt: »Warum?«

Linke Hand lauschte angestrengt, hörte aber keinen einzigen Laut. Doch als er die Nasenlöcher blähte, fast so, wie es das junge Ren getan hatte, fing er einen wundervollen Duft auf – den Geruch eines Holzfeuers.

Ganz langsam, unter größter Anspannung seiner Nackenmuskeln, drehte Linke Hand den Kopf und schaute nach rechts. Ein Stück weiter war das dämmrige Licht leicht rosa gefärbt. Wenn er es schaffte, den Kopf noch ein wenig weiter zu drehen ... Er bewegte die Schultern und sofort erwachte der Schmerz überall in seiner Brust. Doch er musste es wissen. Er biss die Zähne zusammen und drehte den Kopf so weit wie möglich, bis er flach über den Schnee schauen konnte.

Ein rötliches Licht rahmte eine zusammengekauerte Gestalt ein.

Linke Hand stieß einen tiefen Seufzer der Erleichterung aus. Er kannte diese Gestalt, kannte die Szene. Seit seiner Kindheit hatten diese drei Dinge – Dunkelheit, rötliches Licht, die Umrisse einer in sich zusammengesunkenen Gestalt – stets eines bedeutet: Zuhause. Wenn er als kleines Kind nachts aufgewacht war, wenn er liebkost und gefüttert wurde, als noch niemand von ihm erwartete, dass er auf die Jagd ging, dann war da immer eine Frau gewesen, die an einem glimmenden Feuer kauerte.

Nun spürte er auch die Gegenwart anderer Schläfer. Zusammengerollt lagen sie in ihren Fellen, seufzten und bewegten sich im Schlaf, und ein beruhigender Geruch nach Holzfeuer, Blut und Schweiß ging von ihnen aus.

Linke Hand lag still da und blickte unverwandt auf die tröstliche, rot umrissene Figur. In seinem Kopf drehte sich alles, so heftig war der Schmerz, und er fragte sich vage, ob er vielleicht nur träume. Ein junges Rentier war er nicht. Aber vielleicht war er auch kein verwundeter junger Jäger. Vielleicht würde er am Morgen erwachen als ein dunkelhaariger, verträumter kleiner Junge, der auch schon Linke Hand hieß. Er würde hungrig aufstehen, und seine Mutter würde ihm nur zu gern das Stückchen Fleisch heraussuchen, das sie auf ihrem Gepäckschlitten zwischen verschiedenerlei Besitztümern versteckt hatte. Er würde seinen kleinen Speer nehmen und ihn gegen Bäume schleudern, und es wäre unwichtig, ob er danebentraf. Er würde mit Wildfänger balgen, Wildfänger würde gewinnen, und auch das wäre egal.

Von dieser unbestimmten Hoffnung getröstet, ließ Linke Hand die Augen zufallen und um ihn herum wurde es dunkel.

Hinter Strahlende Sonne klarte der Himmel langsam auf, bis irgendwann die Sonne klein und kalt am weiten Winterhimmel aufging. Der Morgen dämmerte im Zeltlager und die Jäger in ihrem Halbschlaf stöhnten leise. Sie zogen sich die Felldecken über den Kopf und drehten sich vom Licht weg. Gestern waren sie den ganzen Tag gewandert, dann hatten sie die ganze Nacht lang gejagt. Sie hatten gegessen, und nun waren ihre Bäuche wunderbar voll, die Felle wärmten sie und das Tageslicht vermochte sie nicht aufzuwecken.

Linke Hand war ohne Bewusstsein, versunken in der Flut des steigenden Fiebers. Fink öffnete ein Auge, besah sich kurz den Morgen und rollte sich noch fester in sein Bisonfell. Strahlende Sonne, die beim Feuer eingenickt war, hatte einen Traum.

Sie sah zwei kleine, weiche Hände, die dabei waren, eine Kette zu machen. Es waren die Hände eines kleinen Mädchens, das Strahlende Sonne hieß. Sie fädelten Rentierwirbel auf eine Kordel aus gedrehten Sehnen. Einige der hohlen Knochen waren rot angemalt, andere schwarz, manche hatten rote oder schwarze Punkte. Die kräftigen kleinen Hände arbeiteten geduldig, und das Herz des Mädchens klopfte vor Freude, als es sah, wie schön die länger werdende Kette wurde.

Aber halt – was war das? Der größte Wirbel, ein roter mit schwarzen Punkten, der in die Mitte sollte, war zerbrochen. Die kleinen Hände hoben ihn hoch und drehten ihn herum, und Strahlende Sonne sah, dass es hoffnungslos war. Jemand musste mit einem schweren Stiefel darauf getreten sein und ihn kaputtgemacht haben. Sie begann zu weinen. Zum ersten Mal seit vielen Jahren fühlte sie, wie Tränen in ihre Augen traten und ihre Wangen hinunterliefen. Sie konnte die Kette nur noch unscharf erkennen.

»Was ist passiert, Strahlende Sonne?«, fragte eine Stimme dicht an ihrem Ohr. Sie brauchte nicht aufzusehen, sie kannte die Stimme. Der Vater stand neben ihr und beugte sich zu ihr hinunter. Sein liebes Lächeln gab den Blick auf seine kaputten Zähne frei.

»Lass mich mal sehen«, forderte er sie auf und sie streckte ihm die kleinen Hände entgegen. In der einen Hand hielt sie die Kette, in der anderen den zerbrochenen Wirbel.

»Hmm, hmm«, brummte er vor sich hin. »Woher hast du das?«

»Von meiner Schwester«, hörte sie sich sagen.

»Aber deine Schwester ist doch noch gar nicht zur Welt gekommen.«

Strahlende Sonne wandte sich um und sah zum Vater auf, der gebückt neben ihr stand. Das blonde Haar mit den grauen Strähnen stand wirr vom Kopf ab. Sein Lächeln erinnerte eher an ein Zähneblecken. Die scharfen blauen Augen ließen ihren Blick nicht los. Wenn sie ihm einmal in die Augen geschaut hatte, konnte Strahlende Sonne nicht mehr wegsehen.

»Nicht so schlimm«, sagte er. »Gib's mir. Gib's mir nur.« Er streckte eine verkrüppelte Hand nach der Kette aus.

In diesem Moment hörte Strahlende Sonne ein jämmerliches Weinen und die Gestalt ihres Vaters löste sich langsam im Licht des Morgens auf.

Das Weinen hörte nicht auf und in ihrem Umhang spürte sie eine Bewegung. Es war der Säugling. Strahlende Sonne, die nun hellwach war, hob ihn aus seinem dunklen Nest heraus und hielt sein runzliges Gesichtchen ans Licht. »Der Tag«, flüsterte sie ihm zu. »Sieh nur, es ist Tag geworden.«

Jeden Moment mochte das Kind mit seinem qualvollen Geschrei anfangen. Sie sollte es besser vom Lagerplatz wegbringen, bevor es die Schlafenden störte. Ins Morgenlicht blinzelnd, erhob Strahlende Sonne sich mühsam und trug den wimmernden Säugling fort. Im Weggehen bemerkte sie noch das langsam erlöschende Feuer und das steif daliegende Bündel, das Linke Hand war. Sie schüttelte den Kopf und murmelte etwas vor sich hin.

Später am Morgen kehrte sie mit einem bewusstlosen Säugling und einem Arm voll Holz zurück. Sie hockte sich ans Feuer und speiste es Stück für Stück, bis die Flammen emporzüngelten, um die Sonne zu begrüßen. Die Männer würden sich vor Mittag nicht regen. Es würde ihr genug Zeit bleiben, ein neues Fell am Boden auszuspannen. Sie würde es mit kleinen Holzpflöcken befestigen, damit es nicht wegrutschte, und es dann mit dem Schaber säubern. Doch zunächst ging sie zu Linke Hand hinüber und blieb bei ihm stehen.

Sie beugte sich zu ihm hinunter, betrachtete sein hochrotes Gesicht und lauschte seinem keuchenden Atem. Ihr sanfter, gutmütiger Gesichtsausdruck wurde hart vor Kummer.

2

Der matte Schein eines schwelenden Feuers drang durch die langsam dahinziehenden Nebelschwaden. Eine behäbige, gebückte Gestalt machte sich am Feuer zu schaffen. Jetzt kauerte sie sich hin und ergriff ein paar Zweige. Linke Hand, vom Schmerz umhüllt, schaute mit zusammengekniffenen

Augen hinüber und brachte mit großer Mühe ein paar leise Worte hervor. Die Gestalt richtete sich auf und wandte ihm den Kopf zu; die Zweige fielen zu Boden. Nun kam sie auf ihn zu, mit liebevoll ausgestreckten Händen – es war Strahlende Sonne.

Sie legte ihm ihre raue, vom Feuer noch warme Hand zunächst auf eine Wange, dann auf die Stirn. Dann entfernte sie sich wieder aus seiner engen Welt und kam zurück mit etwas feuchtem Moos. Das legte sie ihm auf die Stirn und über die Augen, und er spürte in der Dunkelheit, die ihn umgab, wie eisiger Schnee darüber gehäuft wurde und ihm Erleichterung brachte.

Sehr viel später öffnete er die schmerzenden Augen und blickte in den grauen Nebel, sah, dass Strahlende Sonne neben ihm saß, vornübergebeugt, aufmerksam. Stumm und in seinem eigenen Schmerz gefangen, schaute er eine Weile auf das unbewegliche, winzige Wesen in ihrem Schoß. Linke Hand und seine Bedürfnisse völlig vergessend, versuchte Strahlende Sonne den Säugling mit ihrem warmen Atem zu wärmen, sie streichelte ihn zärtlich, legte ihm eine Hand auf die Brust, die nicht größer war als die Handfläche, und lauschte an seinem Mund. Endlich wickelte sie das Kind fest in sein Hasenfell, erhob sich schwerfällig und trug es davon.

Linke Hand unterdrückte ein zorniges Stöhnen. Er bräuchte das Hasenfell so dringend, um seine tauben Füße warm zu halten, aber Strahlende Sonne benutzte es, um ein totes Kind zu wärmen.

Als der Schmerz und das Fieber langsam nachließen und

der graue Nebel um ihn herum sich weiter auflöste, regte sich in Linke Hand Hass auf Strahlende Sonne. Er hasste ihre vorsichtigen, zarten Berührungen und den sanften Blick, mit dem sie ihn ansah, diesen Blick, mit dem sie auch ihren nutzlosen Säugling angesehen hatte. So wie sie für das Kind gesorgt und es vor den gleichgültigen Blicken der Männer verborgen hatte, so sorgte sie jetzt für ihn. Manchmal nahm Linke Hand schwach die Gestalt eines Mannes wahr, der ihn über die Schulter von Strahlende Sonne hinweg ansah. Er blieb aufrecht stehen, ohne sich die Mühe zu machen, sich zu ihm hinunterzubeugen. Wortlos sah er Linke Hand an und entfernte sich dann wieder.

Einmal beugte sich ein schweigender Beobachter vor, um ihn besser sehen zu können. Er kam näher und hockte sich neben ihn. Eine Hand streckte sich ihm entgegen und berührte leicht seine Schulter.

»Aaah!«, fauchte Linke Hand, als der Schmerz ihn durchzuckte.

Hastig zog sich die Hand zurück, doch das Gesicht blieb. Linke Hand sah die blauen Augen Wildfängers auf sich gerichtet.

Schnell und leise begann Wildfänger zu sprechen. »Steh auf!«, sagte er. »Du musst versuchen aufzustehen, Linke Hand. Wir können nicht viel länger hier bleiben.«

Strahlende Sonne schob Wildfänger beiseite. Ihre große Hand senkte sich wie die Nacht über die Augen von Linke Hand. Er hörte ihr ärgerliches Schnauben.

Ganz schwach drang aus der Ferne Wildfängers hilflose

Frage zu ihm, und er sah, wie Strahlende Sonne sich abwandte.

Später träumte Linke Hand vom Jagen. Durch hohes Gras kroch er dorthin, von wo er das Geräusch kauender Kiefer hörte. Er war dabei, einem Pony nachzustellen. Direkt vor sich sah er zwischen den Gräsern einen Schwanz schlagen. Vorsichtig, ganz vorsichtig griff er nach seinem Speer und wollte sich aufrichten. Schmerz durchzuckte ihn wie ein Blitz.

Dieser Schmerz war die Wirklichkeit. Ohne Hoffnung lag Linke Hand da. Er verstand nicht, wieso Strahlende Sonne darauf bestand, ihn so gut es ging zu waschen und ihm zu essen zu geben. Sie brachte ihm geröstetes, vorgekautes Fleisch, das er mit mehreren Händen voll Schnee hinunterspülte. Warum konnte sie ihn nicht sich selbst überlassen, in seiner ureigenen Welt des Schmerzes, und ihn endlich im Schweigen des Schnees versinken lassen?

Schweigen war für Strahlende Sonne etwas Unnatürliches. Wann immer Linke Hand aufwachte, redete sie auf ihn ein. Selbst wenn er nichts anderes wollte, als dem Brausen des Windes oder dem Heulen eines fernen Wolfs zu lauschen, drangen unablässig Worte an seine Ohren.

»Dieses Fell ist weich genug, um eine neue Jacke für Fink daraus zu machen. Fühl nur mal, Linke Hand! Das Ren war sicher nicht einmal ein Jahr alt. Fühl nur den weichen Flaum. Was bräuchte Fink wohl dringender – eine Jacke oder ein Paar Handschuhe?«

Linke Hand hätte ihr gern gesagt, dass seine eigene Kleidung vollständig erneuert werden müsste. Seine Kleider, die mit dem getrockneten Blut an seinen Wunden festgeklebt waren, stanken. Aber er mochte sie um nichts bitten, nicht den verhassten sanften Blick herausfordern. Und was noch schlimmer war – er hatte Angst. Er mochte sich den Anblick seiner Wunden nicht vorstellen.

Manchmal brach sie ganz plötzlich in ein Lachen aus, das das wunderbare Schweigen unterbrach, und fing an, ihm eine Geschichte zu erzählen. »Habe ich dir je erzählt, wie ich einmal einen Eber aus Schnee gemacht habe?«

Linke Hand schaute sie aus leicht geöffneten Augen an; er schien halbwegs interessiert. Ermutigt fuhr Strahlende Sonne fort: »Ich war damals noch ein kleines Mädchen, musst du wissen, und noch nie hatte mir jemand gesagt, dass Abbildungen magische Wirkung haben. Für mich war es einfach ein Spiel. Ich formte also einen wunderschönen Eber aus Schnee. *So* groß war er, und, ob du es glaubst oder nicht, er hatte Hauer aus Eiszapfen. Als ich beinahe fertig war und ihm eben noch einen Schwanz verpasste« – sie machte eine Bewegung, als würde sie Schnee festklopfen –, »da hörte ich ein grässliches Geräusch hinter mir – rrroaaah – und schaute mich um.« Überraschend schwungvoll drehte Strahlende Sonne sich um und sah Linke Hand an. »Und was glaubst du, was ich sah?«

Linke Hand zwang sich zu einer Antwort. Es tat ihm noch immer weh, einen Ton hervorzubringen. »Einen Eber?«

»Ganz genau. Er kam aus dem Dickicht auf mich zu – so.« Sie senkte grunzend den Kopf und bleckte ihre gelben

Zähne. Ihre Augen funkelten böse, als sie schwerfällig das Feuer umkreiste. Linke Hand musste lächeln.

»Wer hat ihn erlegt?«, fragte er.

Da war Strahlende Sonne nicht mehr der Eber. Sie sah Linke Hand an, als ob sie gerade aus einem Traum erwachte. »Wer ihn erlegt hat? Wieso? Niemand. Es war ja niemand in der Nähe, der es hätte tun können. Du weißt, mein Vater hätte niemals einen Eber töten können!«

»Aber was hast du dann gemacht?«

»Ich bin auf die nächste Eiche geklettert. Der Eber wütete noch eine Weile am Boden und dann ... zog er ab.« Strahlende Sonne lachte leise bei der Erinnerung. »Aber als ich wieder unten war, habe ich als Erstes den Eber aus Schnee zerschlagen.«

Linke Hand seufzte. Er wünschte, sie würde ihn schlafen lassen. Alle ihre Geschichten endeten irgendwo im Nichts.

Ein anderes Mal sagte sie: »Sobald wir da sind, bringe ich dich zu meinem Vater.«

Zwischen den Nebelschwaden in seinem Kopf formte sich ein Bild, wurde deutlicher, heller. Eine hoch gewachsene Gestalt stampfte schwankend in der prallen Sonne. Um ihre Beine hingen schwere Felle, wie sie für magische Zwecke benutzt wurden. Geweihe erhoben sich über seiner Stirn wie Bäume und riesige Klauen schnippten und schnappten an seinen Fingern.

Linke Hand schrie auf. »Der Bär!« Er versuchte sich aufzurichten, aber ein heftiger Schmerz durchzuckte seinen Bauch.

Strahlende Sonne drückte ihn sanft auf sein Lager zurück.

»Stimmt«, sagte sie, »manchmal ist mein Vater wie ein Bär. Deswegen kann er dich auch gesund machen.« Linke Hand drehte den Kopf. Die Verzweiflung musste deutlich in seinem Gesicht zu lesen sein, und er wollte nicht, dass sie ihn so sah. Ermutigend fügte sie hinzu: »Die meiste Zeit aber ist er wie ein Eichhörnchen.«

Die Erinnerung an den Bären ging in eine andere über. Damals war Linke Hand noch so klein wie Fink jetzt. Zitternd stand er an einem fremden Ort voller erschreckender Geräusche. Andere Kinder sprangen schreiend umher, kleine schnelle Schatten vor einem leuchtend blauen Himmel. Eines von ihnen kam auf ihn zugerannt, mit ausgestreckten Armen wie ein flatternder Vogel. Ganz deutlich sah er ein schmales, braunes Gesicht dicht vor dem seinen. Ein kleines Mädchen stand vor ihm – hoffnungsvoll, freundlich und immer bereit zu lächeln.

»Schneevogel«, sagte er wie im Traum.

»Stimmt«, sagte Strahlende Sonne. »Meine Schwester.«

Am nächsten Tag setzte Linke Hand sich auf. Strahlende Sonne und Fink halfen ihm, sie fassten ihn an den Ellbogen und schoben ihn hoch, sie zogen ihn an den Schultern, bis er mit angezogenen Knien gegen eine Tanne gelehnt saß, sich den Schmerz verbeißend. Erschöpft blieb er eine Weile so sitzen. Mit den flachen Händen stützte er sich am Boden ab. Als er die Augen öffnete, sah er Wildfänger, der auf der anderen Seite des Feuers hockte.

Wildfänger hatte sich verändert. War er es wirklich? Einen

Augenblick lang war Linke Hand sich nicht sicher. Der dort saß und an etwas arbeitete, das er auf den Knien hielt, war kein Kind, es war ein junger Mann. Sein Gesichtsausdruck war ernst, die Hände waren groß und geschickt. Oberlippe und Kinn schienen auf einmal weicher durch den Anflug eines blonden Bartes.

Wildfänger lächelte zu Linke Hand hinüber. Mit beiden Händen hob er das, woran er arbeitete, hoch, so dass Linke Hand es über die Rauchfahne hinweg sehen konnte.

Es war eine Rentiermaske. Wildfänger hatte den Schädel des von ihm erlegten Hirschs ausgeschabt. Die Haut um die Augenhöhlen hing in Fetzen herunter, das offene Maul war verzogen unter dem Gewicht des schweren Geweihs. Feierlich zog sich Wildfänger die Maske über und bewegte seinen Kopf darin hin und her, bis er Linke Hand durch die Augenhöhlen hindurch sehen konnte.

Linke Hand versuchte zu lächeln, aber ein kalter, einsamer Kummer durchzog ihn. Er fühlte sich, als ob Wildfänger über die Berge von ihm fortgegangen sei, und in den folgenden Nächten träumte er von der Rentiermaske und dem sich höhnisch verneigenden Geweih.

Noch einmal kam Wildfänger zu Linke Hand; Strahlende Sonne hatte ihn gerufen. Linke Hand sah, wie sie mit lebhaften Gesten miteinander beratschlagten. Strahlende Sonne wollte irgendetwas machen, und Wildfänger war überzeugt, dass es nicht ging. Er zeigte auf Linke Hand, presste beide Hände gegen die eigene Brust und verzog das Gesicht zu einer schmerzverzerrten Maske.

Wildfänger wurde zusehends zu einem Mann, einem Jäger, der von Zeichen und Tatsachen lebte. Strahlende Sonne hingegen lebte von inneren Gewissheiten und sie setzte sich durch. Wildfänger zuckte mit den Schultern und gab nach. Er kam zu Linke Hand hinüber, grüßte ihn mit einem unpersönlichen Lächeln und packte ihn bei den Schultern. Im selben Moment ergriff Strahlende Sonne seine Füße. Linke Hand rang nach Luft, hielt dann den Atem an und schaffte es, nicht zu schreien. Wildfänger und Strahlende Sonne arbeiteten rasch und unsanft, und Linke Hand war überzeugt, dass er jetzt sterben würde. Sie rollten ihn über den Boden, mal schaute er auf Schnee, dann zum Himmel, dann auf eine ihm unbekannte Oberfläche.

Schwer atmend erkannte er, was es war. Er lag bäuchlings auf dem Gepäckschlitten. Um ihn herum standen Stiefel im Schnee: die von Strahlende Sonne, die so abgetragen waren, dass sie ihr kaum noch nützten, Wildfängers, die weich und kaum getragen waren, und daneben ein kleines, ganz neues Paar.

»Linke Hand!«, hörte er Finks quäkende Stimme über sich. »Linke Hand, du kommst mit uns!«

Noch benommen vor Schmerz, stöhnte Linke Hand nur. Im selben Moment setzte sich der Schlitten mit einem Ruck in Bewegung. Linke Hand, der zusammengekrümmt auf Fellen, Werkzeugen und drei Rentiermasken lag, versank langsam wieder in Bewusstlosigkeit.

Ein peinigender Ruck weckte ihn auf. Der Gepäckschlitten war gegen eine aus der Erde ragende Baumwurzel geprallt. Noch während Linke Hand mit weit aufgerissenen Augen nach Atem rang, schlingerte der Schlitten und prallte gegen die nächste Wurzel. Linke Hand klammerte sich an den Schlittenrahmen, um Halt zu finden.

Unter ihm flog die verschneite Landschaft vorbei. Er sah die Welt so, wie Mäuse sie sehen mochten: Wurzeln ragten steil aus dem Boden heraus, Fußstapfen schienen weit wie Täler, welkes Gras und Gestrüpp baumhoch.

Immer weiter zogen sie bergauf. Im Halbschlaf merkte Linke Hand, dass der Anstieg schon eine ganze Weile andauerte. Wenn er versuchte, nach vorn zu schauen, tat es ihm nur weh, und ohnehin würde er nichts sehen als den gebeugten breiten Rücken von Strahlende Sonne und ihre Stiefel, die geduldig ihre Spur durch den Schnee zogen.

Hinter sich hörte er ein dumpfes Geräusch. Vorsichtig äugte Linke Hand über den Rahmen des Schlittens und sah, wie Fink den Hang hinaufgestapft kam. Er sprang von Wurzel zu Wurzel und schaffte es, indem er riesige Schritte machte, seine Füße in die Spuren von Strahlende Sonne zu setzen. Mit einer Hand, die in einem Fellhandschuh steckte, schwenkte er etwas Dunkles, Haariges hin und her. Er hatte den Schlitten schon fast erreicht, als Linke Hand erkannte, dass Fink ein Schneehuhn bei den Füßen hielt. Aus dem offenen Schnabel tropfte noch Blut.

»Ich hab's gefangen!«, schrie Fink und warf sich auf den Schlitten, um Halt zu finden.

Strahlende Sonne ächzte unter dem zusätzlichen Gewicht, Linke Hand zuckte zusammen bei der ruckartigen Bewegung. Unvermittelt ließ Fink sein Schneehuhn auf den Rücken von Linke Hand fallen und sprang voraus mit dem Ruf: »Ich hab uns einen Vogel gefangen, ich hab einen Vogel gefangen!«

Ganz vorsichtig versuchte Linke Hand, hin und her zu rucken, um den Kadaver abzuwerfen, als plötzlich weiter vorn ein Aufschrei ertönte:

»Uuuiiih!«

Sie hielten an. Der Schlitten stand jetzt auf ebener Erde. Linke Hand blickte sich um und sah, dass mittlerweile fünf Paar Stiefel um ihn herumstanden. Bisonhorn und Großer Jäger waren zu ihnen gestoßen. Alle waren sie nun da, zusammen, und schauten nach vorn.

Linke Hand spürte eine eigenartige Erregung, ein Pochen in seinem Blut. Nach und nach wurde ihm bewusst, dass das Pochen durch seine Ohren zu ihm drang. Er hörte den Herzschlag der Erde, hörte, wie sie zu ihm sprach. In seinem Inneren spürte er etwas wie ein Echo, eine unwillkürliche Erwiderung.

Bis zu diesem Moment hatte Linke Hand sich wie tot gefühlt. Nun wusste er, dass er lebte, dass es etwas gab, das er sich wünschte, etwas, wonach er streben konnte. Bald würde er wissen, was es war.

Tastend griff er nach dem Birkenrahmen des Schlittens. Seine Hände zitterten vor Anstrengung, die Knöchel färbten sich weiß, aber er schaffte es doch, zuzupacken. Dann versuchte er, sich langsam hochzudrücken. Der Schmerz war noch da, er brüllte in ihm, aber Linke Hand beachtete ihn nicht. Lauter als der Schmerz dröhnte in ihm der Herzschlag der Erde.

Zitternd stützte er sich auf Knie und Hände. Beinahe wäre er zusammengebrochen, aber starke Hände umfassten seinen Leib. Sie taten ihm weh, aber sie gaben ihm auch Halt, und ganz langsam schob Linke Hand sich hoch an dem starken Baum, der Strahlende Sonne war. Als er auf zwei Beinen stand und in seinem Körper der dröhnende Donnerschlag rhythmisch vibrierte, machte er sich von ihr los und drehte sich um.

Unmittelbar vor seinen Füßen brach die Erde weg. Vor ihm breitete sich der Himmel aus.

3

Linke Hand blickte durch strahlendes Licht in ein weites Tal, das sich unter ihm ausdehnte. Mitten hindurch wand sich ein Fluss, auf dem weiße Eisschollen trieben. Auf beiden Seiten erstreckten sich flache Schneefelder bis zum Fuß der Berge. Am Ende des Tales erhoben sich die Berge mit ihren zahlreichen Höhlen, weißen Schneeflecken und grauen Felsen.

Die Schneefelder im Tal wechselten ab mit braunen Flecken. Einer davon war eine Herde. Langsam zog sie vor seinen Augen umher. Die braunen Flecken direkt unter ihm waren Zelte, hundert mindestens, die sich mehr oder weniger aufrecht in einem großen Bogen wie eine Bisonherde aneinander drängten. Von dort kam das Pochen, der Herzschlag.

In dem Halbkreis aus Zelten und rauchenden Feuern sprang eine phantastisch anmutende Herde umher. Deutlich sah Linke Hand das Stoßen der Hörner, das Schlagen der Schwänze von stampfenden, springenden Kreaturen, schwarzen, braunen, roten. Ein Trommelwirbel begleitete sie.

Um diese Herde herum herrschte ein lebhaftes Treiben. Kinder rannten umher, sprangen über die Feuer und balgten sich im Schnee. Frauen beugten sich über Trockengestelle und wendeten Fleisch, das in langen Streifen geräuchert wurde. Manche schleppten Brennholz zu den Feuerstellen; wie wandelnde Reisigbündel sahen sie aus. Andere standen in Gruppen und redeten angeregt. Durch das Schlagen der Trommel hindurch war das Rauschen zahlloser Stimmen zu hören.

Linke Hand blickte hinab in das Treiben im rauchdurchzogenen Tal und fühlte, wie sich in seinem Kopf etwas öffnete und eine Vision freisetzte. Jetzt war sie wieder passiert, diese Sache, die er schon mehrfach erlebt hatte, diese seltsame, dunkle Sache, über die er nie sprach, nicht einmal mit Wildfänger. Die strahlende Szene verdunkelte sich, so als ob sich plötzlich eine Wolke vor die Sonne geschoben hätte. Was er unter sich sah, war nicht eine Menge glücklicher Menschen, sondern eine todbringende Meute. Die wildesten und gefährlichsten Wesen der Erde hatten sich in ungestümer Ausgelassenheit am Fuß dieser Felsen versammelt. Jeder einzelne Mann, der dort unten innerhalb des magischen Kreises unter seiner gehörnten Maske tanzte, war ein erfolgreicher Jäger, der große Tiere getötet hatte, die fünf- bis zehnmal so schwer wie er selbst waren. Der Mensch besaß weder Klauen noch Hörner oder Reißzähne, und doch tötete er immerzu – seine Fähigkeit, zu denken und Waffen zu erfinden, seine geschickten Hände, die sie herstellten, halfen ihm dabei. Er brachte galoppierende Ponys zu Fall, weil er ihnen seinen Speer hinterherschickte, der schneller flog, als er selbst rennen konnte, der so schnell war wie seine Gedanken. Jeder der Männer in diesem stampfenden Reigen war ein Schrecken, eine Bedrohung für die übrigen Lebewesen. Das sagte der Klang der Trommel und das sagte auch die Haltung der Tänzer.

Linke Hand hatte das immer gewusst und war stolz darauf gewesen. Jetzt sah er die Bedrohung in neuem Licht, mit dem Abstand, den er von dieser Höhe aus hatte. Er sah, dass diese räuberischen Wesen sogar einander gefährlich werden könnten.

Linke Hand hatte nie gesehen, dass ein Mensch einen anderen willentlich, vorsätzlich getötet hätte. Er hatte auch nie davon gehört, aber nun durchzuckte ihn blitzartig die böse Ahnung, dass so etwas möglich war, sogar sehr leicht. Denn die Tänzer waren Jäger – fähig zu töten und auch bereit dazu.

Er fühlte Angst in sich aufsteigen und würgte sie hinunter. Er schüttelte heftig seinen Kopf, um sich von der Vision freizumachen. Mit einem Mal sah er helles Sonnenlicht, sah eine Gruppe umgänglicher Menschen, die Freude an der Gesellschaft der anderen hatten, sah einen magischen Tanz, der dem Ziel diente, Rentiere ins Tal zu locken – Rentiere, die am Horizont bereits zu erkennen waren.

Fink, der neben Linke Hand stand, stieß einen langen, ungläubigen Seufzer aus und fragte: »Gehen wir auch da hinunter?«

»Ja. Das ist das Versammlungstal.«

»Wie kommen wir dorthin?«

»Es gibt einen Weg zwischen den Felsen hindurch.«

»Linke Hand! Wie willst *du* da hinunterkommen?«

»Ich werde laufen müssen. Du musst mir helfen.« Auch wenn es ihn umbrächte – er würde den Weg in diese Gesellschaft aufrecht zurücklegen. Er drehte sich nach den anderen um.

Wildfänger und die beiden Männer hockten dicht beieinander am Boden. Mit den Händen wühlten sie in den Lederbeuteln, die sie umhängen hatten. Als sie sie herauszogen, waren sie mit roter Farbe bedeckt, wie blutverschmiert. Sie strichen sich mit den Fingern durchs Gesicht und hinterließen leuchtend rote Linien um die Augen herum und auf den Wangen. Beifällig kichernd musterten sie einander. Ihre Kiefernmuskeln entspannten sich, sie lächelten, und ihre Augen wurden größer.

»Das ist Farbe«, sagte Linke Hand erklärend zu Fink, »mit Fett vermischte rote Erde. Männer tragen sie auf, bevor sie mit anderen Menschen zusammentreffen.«

»Ich will auch, ich will auch!«, schrie Fink sofort aufgeregt. Linke Hand brachte ihn zum Schweigen. »Das ist nur etwas für Männer«, sagte er bitter.

Wildfänger erhob sich. Die Farbe auf seinen Wangen leuchtete und gab ihm ein kämpferisches Aussehen. Er ging zum Gepäckschlitten hinüber und nahm die drei Rentiermasken hinunter. Vorsichtig zogen sich die Männer die Tierfelle mit den Geweihen über; Wildfänger setzte sich feierlich den Schädel seines Rentiers auf. Durch die Bemalung und die Maske hindurch warf er einen Blick auf Linke Hand, schaute aber gleich wieder weg.

Sie waren bereit zum Abstieg.

»Linke Hand!« Ängstlich schob Fink eine kleine Hand in die seines Bruders. »Bleibst du bei mir?«

Nie zuvor hatte er so viele Menschen auf einmal gesehen oder so gewaltigen Lärm gehört. Auf ihren Wanderungen hatten sie ab und zu andere Familienverbände getroffen. Dann hatten sie vielleicht manchmal ihre Zelte am selben Ort aufgeschlagen und eine Zeit lang gemeinsam gejagt. Aber sobald die Beute knapp wurde, brachen sie ihr Lager wieder ab und jede Familie ging von neuem allein der Jagd nach.

Sie waren weit gewandert, seit Linke Hand ein kleiner Junge gewesen war. Als sie das letzte Mal den Winter hier im Tal verbracht hatten, war seine Mutter gestorben. Die meisten Menschen kamen jeden Winter hierher, doch Bisonhorn und Großer Jäger waren zu weit weggezogen, um zurückkehren zu können. Jahre waren vergangen, seit Linke Hand diese Versammlung zuletzt erlebt hatte. Fink hatte sie noch nie erlebt. Als Linke Hand fühlte, wie Fink sich zitternd an ihn lehnte, erinnerte er sich an den Schrecken, den auch er an diesem Ort empfunden hatte und der ihm durch Mark und Bein gegangen war.

Er drückte die kleine, suchende Hand kräftig und sagte zur Erinnerung: »Ich muss doch bei dir bleiben, Fink! Ich kann ja nicht einmal laufen.«

Das Tal

1

Wenn ein Gebirgsbach aus der letzten Felsspalte springt, verbreitert er sich, wird langsamer und fließt glucksend dem Tal zu, wo er sich mit einem größeren Fluss vereinigt. Gerade so trat auch die kleine Familie von Linke Hand aus dem Felsschatten und driftete auseinander, während sie auf die Menge zuwanderte.

Nie wieder würden sie alle zusammen sein. Wie ein Rentier den geräuschlosen Jäger im Dickicht spürt, so ahnte Linke Hand die bevorstehende Auflösung seiner Welt. Ihm blieb nichts anderes übrig, als sich unter Schmerzen vorwärts zu schieben, zunächst mit allen gemeinsam, dann ein Stück hinter ihnen, schließlich allein mit Fink und Strahlende Sonne.

Kriechen wollte er nicht. Er ging auf zwei Beinen, wenn auch nicht aufrecht, denn die Wunden an Brust und Magen heilten zwar langsam, bildeten aber schmerzende Knoten. So humpelte er vornübergebeugt und stützte sich dabei auf Finks zarte Schulter.

Dunkle, flinke Kinder flitzten vor ihm davon. Sie warfen ihm erstaunte Blicke zu, dann machten sie einen Buckel, humpelten und schütteten sich vor Lachen aus. Wenn sie aber Fink sahen, wurden ihre Augen freundlich.

Frauen, die schwatzend in Gruppen beieinander standen,

machten ihm Platz, ohne ihre Gespräche zu unterbrechen. Vom struppigen Haar bis zu den Stiefeln hinunter waren diese kleinen, kräftigen Gestalten in abgetragene, geflickte Felle eingehüllt. Ihre Hände waren ständig in Bewegung; sie wiesen zum tiefblauen Himmel, auf Feuer, Zelte, den zertretenen Schnee. Sie drohten mit der Faust, zogen die Augenbrauen hoch, zuckten mit den Schultern und schnippten mit den Fingern. Aus schwarzen, braunen, blauen Augen leuchtete die Freude am Reden.

In einem dieser Menschenschwärme hatte Linke Hand Strahlende Sonne verloren. Humpelnd drängte er sich der Menge, dem Herzen des Trommelschlags entgegen, der die Stimmen der Frauen und die Schreie der Kinder übertönte. Linke Hand spürte den Takt um sich herum und in sich, von den Füßen aufwärts und von den Ohren abwärts. Weiße Erde und blauer Himmel bebten und schimmerten gleichzeitig.

Auf einer weiten Fläche war die Erde kreisförmig zertrampelt. Hier fand der magische Tanz statt. Unermüdlich hoben und senkten sich Füße in Stiefeln, folgten einander in einem endlosen Reigen.

Mit schief stehendem Geweih und schlotterndem Fell zog ein Rentier vorbei. Ihm folgte ein Bison. Sein Kopf schwankte drohend hin und her, die gebogenen Hörner neigten sich mal nach rechts, mal nach links wie ein schwebender Vogel. Unter dem Bisonfell waren vier stampfende Stiefel zu erkennen. Ein Wolf mit rötlichem Fell lief neben dem Rentier her und reckte seine nutzlosen Kiefer zum Himmel. Tief im Rachen des Tieres sah man ein Lächeln auf einem jungen, bemalten Gesicht. Nun folgten zwei Ponys, das eine grau, das andere tiefschwarz. Sie schlugen mit dem Schweif im Rhythmus der Trommeln, ihre glänzenden kleinen Hufe gingen im Takt.

Linke Hand ließ sich vorsichtig hinab, um sich in den Schnee zu setzen. Sein Blick war starr, sein Herz pochte wild. Jede einzelne Wunde schmerzte. Im Rücken spürte er den zitternden Körper von Fink, der am Boden kauerte.

Einen Moment lang brach der Reigen ab. In der Mitte des Kreises erschien tanzend der Bär. Er stampfte auf, sprang in die Luft, stampfte weiter. Schweres Bärenfell hing von seinen Schultern hinunter. Auch die Klauen, die die Luft zerrissen, waren die eines Bären, der weiße Schwanz, der auf den Schnee schlug, war der eines Pferdes, und der Kopf mit dem hochragenden Geweih stammte von einem Rentier. Wilde blaue Augen unter einer runzligen Stirn sahen Linke Hand an, der furchtsam zurückwich angesichts des Erkennens, das aus den funkelnden Augen sprach.

Dann fiel sein Blick auf zwei schmale Stiefel, die zwischen ihm und den Tanzenden fest auf der Erde standen. Er sah auf. Schneevogel war zu einem großen, schlanken Mädchen herangewachsen, aber ihr Gesicht hatte noch immer den warmen Braunton, an den er sich erinnerte, ihre Augen lächelten noch so wie früher. Linke Hand spürte, wie Fink sich langsam hinter ihm erhob, von ihrer Freundlichkeit angezogen wie eine Blume von der Sonne.

Schneevogel hockte sich vor Linke Hand, so dass er nicht zu ihr aufsehen musste. Sie musste laut rufen, um das Dröhnen der Trommeln zu durchdringen, aber ansonsten sprach sie zu ihm, als hätte sie ihn gestern zuletzt gesehen.

»Meine Schwester hat mir gesagt, dass du hier bist«, schrie sie. »Zeig mir, was der Bär dir getan hat!«

Linke Hand schwieg. Er war wenig geübt darin, so offen mit jemandem zu sprechen, und Schneevogels Vertraulichkeit erschreckte ihn.

»Er hat ihm die ganze Brust aufgerissen!«, brüllte Fink über die Schulter des Bruders hinweg.

»Zeig mal.« Sie streckte eine schmale, von blauen Sehnen durchzogene Hand aus und griff nach der Kante seiner Jacke. Linke Hand beobachtete ihr Gesicht, während sie die Jacke öffnete und die darunter liegende, noch nicht verheilte Wunde freilegte. Sie sagte nichts und zuckte auch nicht zurück, aber ihre Augen weiteten sich, und behutsam deckte sie das Kleidungsstück wieder darüber.

»Das sieht wirklich schlimm aus«, sagte sie. »Du brauchst neue Kleidung, Linke Hand. Ich werde dir etwas nähen.«

Jetzt endlich öffnete Linke Hand den Mund, um zu antworten. »Was ich brauche, ist ein neuer Körper!«, brüllte er. Schneevogel lachte. Ihre Zähne waren weiß und kräftig.

Da verstummte die Trommel. Die plötzliche Stille ließ die drei erschrocken aufhorchen. Fink krallte sich an der Schulter des Bruders fest, als er sich vorbeugte, um sehen zu können, was im Inneren des Kreises geschah. »Lass los!«, zischte Linke Hand, aber vor lauter Angst klammerte Fink sich weiter an ihn, so wie ein Eichhörnchen sich an die Rinde eines Baumes klammert. Schneevogel drehte sich um, und über ihre Schulter hinweg sah Linke Hand, dass die Tanzenden mitten im Schritt innegehalten hatten.

In der Mitte des Kreises tanzte eine Gestalt im Rentierfell um den Bären herum. Sie gestikulierte aufgeregt, warf den Kopf hin und her, sprang und hüpfte herum und stieß dabei mit den Fingern, die das Geweih darstellten, die ganze Zeit nach Norden. Schwerfällig wandte der Bär sich um, behielt den umherspringenden Tänzer aber immer im grimmig blickenden Auge. Die Rentiergestalt kam Linke Hand bekannt vor, und als sie zum dritten Mal um den Bären herumgetanzt war, rutschte ihr die Maske halb vom Kopf und Linke Hand erkannte Bisonhorn.

Flüsternde Stimmen erhoben sich jetzt im Kreis, flogen von Wolf zu Pony zu Eber. »Sie kommen! Es will sagen, dass sie kommen!«

Ja, jetzt erinnerte Linke Hand sich wieder – die Rentiere kamen. Er selbst hatte sie vom Felsen aus gesehen. Höchste Zeit, dass der dumpfe Trommelschlag verstummte.

So wie von einem eilig erstickten Feuer Rauch aufsteigt, folgte auf das plötzliche Verstummen der Trommeln leises Gerede und Geraune. Der magische Kreis der Tiere verlor seine Form, löste sich langsam auf. Die beiden Ponys, das graue und das schwarze, liefen zusammen quer über den Platz. Der Wolf hatte seinen Kopf abgeworfen, und der junge Mann, der in dem Fell steckte, wischte sich den Schweiß vom Gesicht. Auf der gegenüberliegenden Seite des sich auflösenden Kreises hatte sich der Bison fallen gelassen. Am hochgereckten Hinterteil kämpfte sich ein Mann aus dem

Fell heraus, während ein zweiter sich am anderen Ende herausschlängelte. Der Kopf baumelte hin und her, die Hörner schleiften durch den Schnee.

Entsetzt schaute Linke Hand zu. Er hatte gewusst, wer die magischen Tiere in Wirklichkeit waren – wie sehr hatte er sich danach gesehnt, selbst eines zu sein. Aber es tat ihm in der Seele weh zu sehen, wie der Zauber fallen gelassen, in aller Öffentlichkeit entlarvt wurde. So wenig würdevoll durfte es einfach nicht zugehen.

Er flüsterte Schneevogel zu: »Ist das alles?«

Sie wandte ihm ihr aufgeregtes Gesicht zu. Ihre Augen leuchteten in der Erwartung des Abenteuers, des Erfolgs und des guten Essens, doch als sie ihn jetzt ansah, wich die Freude aus ihrem Gesicht.

»Nein«, antwortete sie. »Das ist noch nicht alles. Dieser Kreis löst sich auf, damit ein neuer gebildet werden kann, aber der ist geheim.« Sie sah ihn aufmerksam an und er musste an den unerträglich sanften Ausdruck in den Augen von Strahlende Sonne denken. Dann sagte sie: »Komm an mein Feuer, Linke Hand. Ich habe noch etwas Fleisch.«

Sie wartete nicht ab, bis er sich mühsam erhoben hatte, sondern sprang auf und war bald im Gewirr der sich zerstreuenden Menge verschwunden. Fink ließ Linke Hand los und rannte hinter Schneevogel her. Er hatte sehr wohl gehört, was sie gesagt hatte: »Ich habe noch etwas Fleisch.« Linke Hand lachte bitter auf, während er sich aufraffte und sich auf den langen, schmerzhaften Weg machte. Er schlug die Richtung ein, in die Schneevogel verschwunden war.

Männer liefen eilig an ihm vorbei, jeder zu seinem Feuer. Die baumelnde Maske über der Schulter, klaubte jeder Jäger die letzten Bröckchen Fleisch aus der Glut. Kauend standen sie da, die Augen auf den Fluss gerichtet. Die Frauen harkten schweigend mit Beinknochen die Asche und suchten noch nach den allerkleinsten Fleischstückchen, die vom letzten Braten abgefallen sein mochten. Was immer sie fanden, reichten sie den kauenden Jägern. Aus allen Gesichtern leuchtete Hoffnung.

Schneevogels Feuer war das letzte, dasjenige, das am nächsten beim Fluss war. Drei Gestalten standen um das Feuer herum. Die schmale, dunkle Gestalt war Schneevogel. Mit dem Ernst einer alten Frau durchsuchte sie die Asche. Sie fand zwei Bröckchen Fleisch. Heiß wie sie waren, nahm sie sie mit der Hand heraus. Eines davon gab sie heimlich Fink, indem sie es hinter ihrem Rücken hinunterreichte. Fink war nicht im Geringsten schüchtern. Er sprang zu ihr hin, um sich den Happen zu holen, schielte allerdings vorsichtig zu der dritten Gestalt hinüber.

Linke Hand blieb stehen. Sein Herz gefror. Die dritte Gestalt an Schneevogels Feuer war der Bär. Als Einziger von allen Tänzern hatte er seine magische Verkleidung nicht abgelegt. Geheimnisvoll und mit großer Würde stand er da, das Rentiergeweih reckte sich in den blasser werdenden Himmel, der Schweif hing locker zwischen seinen Beinen herunter. Allein die Bärentatze hatte er vom Handgelenk zurückgestreift, um essen zu können. Die knochige Hand, die unter der Tatze sichtbar wurde, war voller Knoten und bläulich schimmernder Adern – es war die Hand eines alten Mannes, des Magiers. Sie war das einzig Menschliche an seiner Erscheinung, und sie reichte nicht aus, um Linke Hand zu beruhigen. Er fühlte den bohrenden Blick unter der Maske, mit dem der Magier ihn musterte. Kein Wort fiel. Der Bär stand ruhig da, essend und beobachtend. Linke Hand war sich sicher, dass der Magier ihm direkt ins Herz sah und wusste, wie elend er sich fühlte. Er zögerte.

»Komm an mein Feuer!«, hatte Schneevogel gesagt. Er hatte ein Recht, dort zu sein.

Was hatte er sich überhaupt vorgestellt, wen er dort antreffen würde? Er wusste, dass der Magier Schneevogels Vater war, so wie er auch der Vater von Strahlende Sonne war. Schneevogel wandte sich um und sah ihn. Ihr einladender Blick war bestimmt und drängend. Linke Hand verstand: Sie sahen, dass er körperlich ein Krüppel war. Nun wollten sie wissen, ob er auch innerlich verkrüppelt war, ob auch sein Geist Schaden genommen hatte. Er biss die Zähne zusammen und setzte sich in Bewegung. Langsam wankte er ans Feuer.

Schneevogel beugte sich wieder über die Glut und begann sie mit dem Beinknochen zu durchkämmen. Als sie ein verkohltes Stückchen Fleisch fand, sah sie zum Magier auf und reichte es Linke Hand. Beinahe gegen seinen Willen griffen seine Finger danach. An den anderen Feuern aßen nur die Jäger. Linke Hand blickte dem Bären ins Gesicht und wartete.

Langsam nickte der Bär und zum ersten Mal hörte Linke Hand ihn sprechen. Seine Stimme war dünn und brüchig, die Stimme eines alten Mannes, so wie die Hand, die das Fleisch hielt, die Hand eines alten Mannes war. Es war erstaunlich, dass diese Stimme aus einer so furchterregenden Gestalt kam.

Die Stimme sagte: »Ich werde eine Aufgabe für dich finden während der Jagd«, und dann folgte ein hoher Laut, der, so unglaublich es schien, fast wie ein Kichern klang.

2

Dunkelheit stieg empor aus dem Land und überflutete die Felshänge, als sich die Jäger am Ufer sammelten. Hinter ihnen leuchteten glutrot die vielen Feuer zwischen den schwarzen Zelten. Wie dunkle Schatten standen die Frauen schweigend herum. Die Kinder, die ungewöhnlich still waren, wagten sich näher an die Männer heran. Neugierig betrachteten sie die maskierten, fast unkenntlichen Gesichter von Vätern und Brüdern.

Wie die anderen Jäger stand Wildfänger aufrecht und mit abwesender Miene da. Er versuchte, seine Kräfte zu sammeln, innerlich zu wachsen. Dies war eine magische Nacht. Heute Nacht würden alle diese Männer verwandelt werden. Ein Geist würde sich ihrer bemächtigen und ihnen Kraft und Geschwindigkeit verleihen, wie sie sie sonst nicht besaßen. Wildfänger bemühte sich ernsthaft, sich selbst zu vergessen und leer zu werden, um Raum zu schaffen für den Geist, aber es kam ihm nicht so vor, als würde es ihm gelingen. Er fühlte sich unwirklich und allein und er spürte eine leichte Übelkeit im Magen. Seine Maske war schwer und feucht von Schweiß, ein Farbstrich schmolz und lief ihm die Nase hinunter, und er hoffte nur, dass sich die Männer um ihn herum nicht genauso fühlten. Wenn sie alle sich selbst und einander nur etwas vormachten, dann würde der Zauber nicht wirken.

Er schwankte leise und stieß dabei gegen seinen Vater, Bisonhorn. Als dieser auf die Berührung nicht reagierte, wusste Wildfänger, dass zumindest sein Vater niemandem etwas vormachte. Der Geist war bereits mächtig geworden in ihm. Bisonhorn war bereit, den Zauber wirken zu lassen, der die empfindlichen Ohren der Rentiere taub und ihre Nüstern unempfindlich machen würde, der ihre unermüdlichen Beine zu Boden drücken würde. Heute Nacht durfte Bisonhorn nicht er selbst sein; er musste größer sein als er selbst, stärker als er selbst. Seine Augen, die auf Wildfänger ruhten, waren glasig und sahen nichts.

Bei Wildfänger hatte der Zauber noch nicht gewirkt. Er konnte Bisonhorn deutlich erkennen, die Jäger, die hinter ihm standen, die vielen Kinder, die sich so nahe, wie sie es nur wagten, herandrängten. Ein schmales Gesicht hob sich ihm entgegen mit offenem Mund, die dunklen Augen weit aufgerissen vor freudiger Überraschung. Doch als Fink gegen Wildfänger prallte, trat er erschrocken zurück: So große Nähe zur Magie machte ihm Angst.

Damit hat Fink nicht gerechnet, *mich* hier zu sehen!, dachte Wildfänger frohlockend. Dann schob er den Gedanken von sich. Ich bin nicht ich, ermahnte er sich selbst. Ich bin jetzt nicht Wildfänger, *ich bin der Jäger.*

Zwischen den Kindern und der dunklen Masse der Zelte standen zwei Gestalten nah beieinander. Wildfänger sah zu ihnen hinüber und war sofort wieder hellwach. Eine der beiden, ein Mädchen, war Schneevogel, die jüngere Schwester seiner Mutter. Der gekrümmte Schatten neben ihr war Linke Hand.

Wildfänger sah Linke Hand an, als erblickte er ihn aus weiter Ferne. Linke Hand sollte jetzt eigentlich hier neben ihm stehen, steif und schwitzend unter einer schwer erkämpften Maske, während sie auf den Magier warteten. Sie waren immer zusammen gewesen. Zusammen hatten sie den Hasen nachgestellt, hatten Pfeilspitzen geschnitzt, Jäger gespielt und später wirklich gejagt. Dann, in einem kurzen Moment, im hellen Licht des Mondes, war Linke Hand ihm geraubt worden. Gerade so gut könnte er tot sein. Jene gekrümmte Gestalt dort, die sich auf die Kraft eines Mädchens stützte, konnte nicht Linke Hand sein.

Wildfänger fühlte sich kalt und leer, so als wäre er nicht er selbst ohne seinen Freund. Und in dieser Einsamkeit fand der Geist einen Zugang zu ihm.

Nun öffneten die schweigenden Kinder ihre Reihen und wichen ein Stück zurück. Der Bär hatte als Letzter den Fluss erreicht. Langsam und feierlich schritt er schwankend zwischen den Reihen der Kinder hindurch, die einander umrannten, so eilig hatten sie es, ihm Platz zu machen. Er ließ den Kopf nach Bärenart hin und her schwingen und starrte abwechselnd nach rechts und nach links, jedoch ohne die Kinder anzuschauen. Sein Blick war nach innen gerichtet, und er sah aus, als wäre er ärgerlich über ein Bild, das er in sich oder in der Luft sah. Nur eine Armeslänge entfernt schritt er an Wildfänger vorbei, der beinahe zurückgewichen wäre, sich dann aber schnell noch besann und ruhig stehen blieb.

Gemessenen Schrittes kletterte der Bär die Uferböschung hinunter und betrat das Eis. Erst als er in der dichter werdenden Dunkelheit schon fast ihren Blicken entschwunden war, folgten ihm die Jäger. Eine Aura, eine Ausstrahlung umgab den Magier, die andere Menschen auf Abstand von ihm hielt. Der Geist führte ihn, in ihm lebte er wirklich. Er war, was sie sein wollten und sich und einander vormachten. Sobald der Abstand zwischen ihnen groß genug war, folgten ihm die Jäger bedächtig die Uferböschung hinunter und hinaus auf das Eis. Würde war eine wesentliche Bedingung für das Gelingen von Magie, und jetzt auszurutschen wäre undenkbar.

Mit langsamen, gleichmäßigen Schritten überquerten sie den Fluss, und es war schon völlig dunkel, als sie das andere Ufer erklommen. Wie ein Rentier in der Herde lief Wildfänger inmitten der Männer, die Augen immer auf die gerade noch zu erkennende Gestalt des Mannes an der Spitze gerichtet. Von der Seite und im Rücken spürte er den Druck der Menge. Er bewegte sich, ohne zu denken, ohne zu wissen, wohin er ging. Ihm war schwindelig vom Gewicht der Maske mit dem Rentiergeweih.

Nun ging es bergab. Der Weg war steil und immer wieder gab es Hindernisse. Hier und da trug jemand eine Fackel, und aus dem Schein des Lichts, das von zwei Seiten zurückgeworfen wurde, schloss Wildfänger, dass sie zwischen Felswänden liefen.

Hier mussten sie hintereinander laufen. Immer weiter ging es bergab, und die Luft, die unter der Maske hindurch zu Wildfänger drang, war modrig. Die Maske, die Dunkelheit und die stickige Luft zeigten in ihrer Verbindung Wirkung auf Wildfänger. Es war nicht mehr so, dass er sich etwas vormachte oder eine Rolle spielte. Er war sich tatsächlich nicht mehr sicher, wo er war oder auch nur wer er war. Das Einzige, was er mit Gewissheit sagen konnte, war, dass er Teil einer magischen Zeremonie war und dass das Ziel dieser Zeremonie eines war: Fleisch – Fleisch, Nahrung, Leben.

Während er weiter bergab stolperte, nach Luft schnappte und Halt suchte an dem Mann, der vor ihm lief, erinnerte sich Wildfänger an das, was sein Vater ihm gesagt hatte: »Behalte ein Bild im Kopf. Versuche zum Beispiel, dir ein fettes Rentier vorzustellen!« Wildfänger versuchte es.

Mit überraschender Schnelligkeit erschien das Bild vor seinen erstaunten Augen. Ein Rentier stand vor ihm und blickte ihn an. Es wackelte mit seinen großen, haarigen Ohren und drehte Wildfänger dann seine gerundete Flanke zu. Leicht hätte er es mit seinem Speer treffen können. Es war eine kräftige junge Renkuh mit kleinem, hochgereckten Geweih. Sie würde das zarteste Fleisch abgeben, das Strahlende Sonne je geröstet hatte.

Vor dem dunklen Hintergrund glänzte das Fell des Rentiers wie Mondlicht. Er sah seine großen, leuchtenden Augen, die so wunderbar einfältig blickten. Er stellte sich vor, wie er seinen Speer warf, und merkte gar nicht, dass er sich tatsächlich bewegt hatte.

Plötzlich flammte rotes Licht um ihn her auf. Er zwinkerte mit den Augen und das Rentier stand tatsächlich vor ihm. Es war schlanker, als er es sich vorgestellt hatte, und es stand nicht still. Rennend kreuzte es seinen Weg, mit seltsam steifen Bewegungen – den Hals und die vier Beine gestreckt. Wildfänger zwinkerte noch einmal, und das Tier war noch immer da, genauso wie zuvor. Da wusste er, dass es Magie war.

Licht drang in Wildfängers Augen, Lärm schreckte ihn auf. Eine Trommel schlug einen abgehackten Rhythmus. Das Echo brach sich an den Felswänden, auf und ab sprang es und von einer Seite zur anderen. Wildfänger bemühte sich, so gut er es mit seiner Maske konnte, nach oben zu schauen. Zum ersten Mal in seinem Leben hatte er ein Felsendach über sich.

Magische Tiere jagten mit gestreckten Hörnern über den Stein, große, rote Bisons mit winzigen, schwarzen Hufen galoppierten über ihn hinweg. Auf den Felswänden wimmelte es von Tieren, die sich mit dem Schein der Fackeln bewegten, die vor den tanzenden Jägern tanzten – rotscheckige Ponys, ein Eber mit kräftigen Hauern, eine Herde männlicher Rentiere, in deren Schultern Speere steckten.

Wildfänger war sich kaum bewusst, dass er tanzte. Mit

seinem Speer drohte er den Ponys, in seinem Stampfen lag Entschlossenheit, in seinen Sprüngen Hoffnung. Dann stieß er mit dem Geweih in die Luft – eine ganz neue Bewegung, die er soeben entdeckt hatte – und hüpfte und sprang wie ein junges Ren. Er war das Tier, das sie verfolgten, aber er war auch der Jäger. Auf einmal wusste er, dass er nicht versagen würde. Er fühlte, wie Stärke seinen Körper durchflutete, spürte sie in allen Adern. Es war die Stärke des Jägers, die Kraft des Fleisches in den Mägen der Männer. Wildfänger fühlte sich hochgehoben auf einer Welle des Zutrauens, der Hoffnung und der Entschlossenheit.

In der Mitte des Kreises aus springenden, schaurig heulenden Tänzern stand der Magier und sah ihnen zu. Er allein stand ganz still unter den Jägern, die trommelnd und stampfend vergaßen, dass sie Menschen waren und Grenzen hatten. Unter dem schweren Bärenfell lächelte der unbeugsame alte Mann vor sich hin. Die Hand, die die Trommel schlug, schmerzte, und er wechselte zur anderen Hand über. Seine Knöchel zitterten, seine Knie gaben nach, doch die Bärenhaut verbarg alle Anzeichen von Schwäche.

Wie ein gewaltiger Strom floss seine Kraft durch den geheimen Raum und die Jäger tranken davon. Er wusste, wie sich aus Dunkelheit, plötzlich aufflammendem Licht und einem gleich bleibenden Rhythmus ungeheure Energien gewinnen ließen. Und die magischen Tiere, die mit den Jägern tanzten, waren allesamt seine Geschöpfe.

3

Linke Hand griff nach dem Rechen aus Rentierknochen und durchsuchte die Glut von Schneevogels Feuer. Die verkohlten Bröckchen, die er gelegentlich entdeckte, waren Hasenfleisch, und Linke Hand wunderte sich darüber, während er kaute. Schneevogel kam und setzte sich neben ihn in den engen Umkreis, der vom Feuer erwärmt war. Die Nachtluft war kalt wie der Tod. Schneevogel war zu Fink gegangen und hatte ein Fell über ihn gebreitet, als sie gesehen hatte, dass er, der fest zusammengerollt dalag, im Schlaf zitterte. Er streckte sich ein wenig und sie schaute ihn zufrieden an.

»Das hier ist Hase!«, sagte Linke Hand und schmeckte mit Kennermiene. »Woher habt ihr das? Geht dein Vater auf die Jagd?«

Sie schüttelte den Kopf. »Nein«, antwortete sie, »ich stelle Fallen.«

»*Was* machst du?«

»Ich stelle Fallen. Schau, so.« Sie beugte sich vor und griff nach seinem Umhang. Das Fell war so zerfetzt und so steif von getrocknetem Blut, dass sie mit Leichtigkeit einen langen Streifen abreißen konnte. Sie lachte, als sie seinen Zorn sah.

»Ich habe dir doch gesagt, dass ich dir einen neuen Anzug mache. Ich nehme also ein Stück von einem alten Fell, so wie dieses hier, und binde es an einen jungen Baum, von dem Hasen die Rinde abgenagt haben. Das Ende lasse ich hinunterhängen.« Der Fellstreifen wand sich zwischen ihnen am Boden in einem eigenartigen, sich wiederholenden Muster. »Dann gehe ich weg und denke an etwas anderes. Irgendwann kommt ein Hase auf der Suche nach Baumrinde. Er hoppelt zu meinem Bäumchen« – sie ließ ihre Hand bis zu dem Fellstreifen hoppeln – »und vielleicht steckt er hier seine Pfote herein.« Ein Finger hüpfte in die bereit gelegte Schlinge. »Irgendwann will er dann weiterhoppeln.« Sie riss den Finger hoch und der Streifen Fell wand sich straff darum. Noch einmal zog sie und der Streifen saß fest am Finger.

Linke Hand saß still da und starrte vor sich hin. Gedanken überstürzten sich so heftig in seinem Kopf, dass er sie förmlich spüren konnte. Schließlich sagte er: »Strahlende Sonne kann das nicht.«

»O doch, Strahlende Sonne kann das auch. Aber dafür muss man lange Zeit an einem Ort bleiben. Man fängt den Hasen nicht gleich am ersten Tag. Und du und deine Leute, ihr seid ständig unterwegs.«

Linke Hand dachte eine Weile darüber nach, während Schneevogel den Fellstreifen träge zwischen ihren Fingern hindurchzog und immer neue komplizierte Muster bildete.

»Warum bleibt ihr immer an einem Ort?«, fragte Linke Hand.

Ohne zu zögern, erklärte sie es ihm. »Magier ist alt. Und er ist nie besonders kräftig gewesen.«

Linke Hand sah sie erstaunt an. Wer außer ihr würde es wagen, so etwas zuzugeben?

Sie fuhr fort: »Mitten im Winter, wenn die neue Sonne geboren wird, ziehen die Rentiere hierher in dieses Tal. Dann kommen auch die Menschen, so wie jetzt, und es gibt eine große Jagd. Magier bekommt einen großen Anteil am Fleisch. Das räuchere ich und meistens reicht es uns bis zum Frühjahr. Dann können wir im Fluss fischen. Und im Sommer gibt es Pflanzen, die man essen kann; man muss nur wissen, welche genießbar sind.«

Linke Hand staunte über das, was er hörte. Ein Leben, wie Schneevogel es ihm beschrieb, hätte er sich nie vorstellen können – immer am selben Ort leben, Hasen beobachten, Pflanzen essen wie ein Tier. Vor allem eines verstand er nicht.

»Warum bekommt Magier einen großen Anteil vom Fleisch?«

»Weil er den Jägern die Kraft gibt.«

»Aber wie macht er das, wenn er selbst niemals stark gewesen ist?«

Schneevogel blickte zu Boden. Sie drehte den Fellstreifen erneut zu einer Schlinge und ließ ihn am Boden liegen. »Ich weiß nicht, was sie jetzt machen. Davon verstehe ich nichts. Und den ganzen Winter über betreibt er seine Magie auf der anderen Seite des Flusses … ganz allein. Was genau er dort tut, weiß ich auch nicht.«

Schweigen breitete sich zwischen ihnen aus. Schließlich stellte Linke Hand noch eine Frage.

»Dann bist du den ganzen Winter über allein?«

Sie sah zu ihm auf. »Ich finde es schön, dass du hier bist«, sagte sie mit plötzlicher Wärme in der Stimme. »Ich hoffe, du bleibst. Ich denke, du solltest hier bleiben.«

Ja, dachte Linke Hand, wenn der alte Magier es erlaubte, so wäre dies ein gutes Leben für einen Krüppel.

Aus der Dunkelheit tauchte ein Schatten auf. Schneevogel zog scharf die Luft ein und sprang auf. Linke Hand folgte ihrem aufgeregten Blick und sah drei gebeugte Gestalten, die sich ihnen langsam näherten. Es waren zwei kräftige Frauen, die eine dritte stützten, die willenlos einen Fuß vor den anderen setzte und sich über die holprigen Hügel aus Schnee und Erde führen ließ. Ihre Augen blickten unverwandt auf das Bündel, das sie fest in ihren verschränkten Armen hielt. An allen schwelenden Feuern, an denen die drei langsam vorüberschritten, erhoben sich Frauen, sprangen Mädchen auf und folgten ihnen. Ein Feuer nach dem anderen blieb sich selbst überlassen, während die Frauen sich nach und nach sammelten, um hinter den drei vornübergebeugten Gestalten her schweigend durch die Dunkelheit zu gleiten.

Ohne ein Wort zu sagen, warf Schneevogel sich ihren Umhang über und eilte den anderen hinterher. Einen Augenblick lang erkannte Linke Hand ihre Umrisse vor einem entfernteren Feuer, dann war er allein mit der Glut und dem schlafenden Fink.

Verwirrt blieb er sitzen. Irgendwann spürte er deutlich sein Herz klopfen, wie einen leisen, aber andauernden Donner in seinem Körper.

Dann auf einmal erkannte er, dass das, was er hörte, der Klang einer Trommel war. Dort drüben, hinter den verlassenen Feuern, wurde ganz sanft eine Trommel geschlagen, so sanft, dass die Rentierherde am oberen Flusslauf den Klang nicht würde hören können. Ein Renkalb mochte eine leichte Spannung in sich fühlen, eine Unruhe vielleicht, aber ein Ton würde nicht zu hören sein.

Das Schlagen einer Trommel bedeutete immer ein Geheimnis. Dieses hier war weit und tief wie ein Fluss im Sommer, das sagte ihm der langsame, zärtliche Rhythmus.

Linke Hand legte beide Hände flach auf die Erde und drückte sich langsam hoch, bis er auf den Knien lag. Er biss die Zähne zusammen und winkelte ein Bein an. Indem er sich mit beiden Händen auf das Knie stützte, richtete er sich auf, bis er in seiner neuen, gekrümmten Haltung dastand. Beide Hände fest auf die schmerzenden Wunden gepresst, machte er sich, von der Neugier getrieben, auf den Weg dorthin, von wo die Trommel zu hören war.

Die Menge bildete einen Kreis um ein Lagerfeuer herum. Neben dem Feuer lag die dritte der Frauen, diejenige, die das Bündel getragen hatte, in einem weichen Nest aus Fellen. Ihr ausdrucksloses, runzliges Gesicht war, ebenso wie die Blicke der Umstehenden, ununterbrochen zu Boden gerichtet auf das in ein Hasenfell gewickelte Bündel neben ihr.

Das weiche, graue Fell umhüllte eine sich träge bewegende Gestalt. Plötzlich stieß eine winzige Faust aus dem Fell hervor. Sanft umfing die Mutter das suchende Händchen mit ihrer eigenen harten und rauen Hand und deckte es wieder mit dem Fell zu. Ein Seufzer ging durch die Menge.

Die Trommel setzte zwei Takte aus und nahm dann den

Rhythmus wieder auf. Schneevogel hielt ihn jetzt, schlug ihn mit den Fingerspitzen. Sie stand ein wenig im Hintergrund, während die Frauen näher an das Feuer drängten und einander bei den Händen fassten. Schneevogel sah mit traurigen Augen zu.

Sanft und langsam war der Tanz, völlig anders als das Springen und Stampfen der tanzenden Jäger. Mit schleppenden Schritten zogen die Frauen im Kreis um das Feuer und die Mutter mit dem sich windenden Bündel herum. Alle Gesichter waren ruhig, alle Augen waren nach unten gerichtet auf das winzige Bündel, aber gleichzeitig auch nach innen auf ein gemeinsames Wissen, das sie miteinander verband.

Linke Hand entdeckte Strahlende Sonne auf der anderen Seite des Feuers. Einen Moment lang fiel Licht auf ihr faltiges Gesicht, auf ihren abgetragenen Umhang, auf ihre Hand, die eine junge, glatte Hand umfasst hielt. Im nächsten Moment glitt sie in den Schatten zurück, und das Mädchen, dessen Hand Strahlende Sonne hielt, trat ins Licht. Es war jung, kaum älter als Schneevogel. Wenn auch ihr Körper sich bereits rundete und weibliche Formen annahm, so war ihr Gesicht doch noch glatt und leer. Rotes Haar fiel wirr auf ihre Schultern hinab wie ein matter Widerschein des Feuers.

Schneevogel schlug weiter die Trommel und schaute zu. Einige Mädchen, die jünger waren als sie selbst, standen herum, auch ein paar kleine Jungen. Linke Hand blickte Schneevogel ins Gesicht und erkannte darin eine Sehnsucht, die seiner eigenen glich.

Er humpelte zu ihr hinüber und streckte die Hände aus. Schneevogel zuckte zusammen, als sie sah, dass ein Mann sich näherte. Dann entsann sie sich – es war ja nur Linke Hand. Lächelnd reichte sie ihm die Trommel.

Ganz selten nur geriet er aus dem Takt. Beinahe stolz stand er da, entwarf den Tanz, sah zu, wie Schneevogel glücklich in den Kreis hineinschlüpfte. Strahlende Sonne und Feuerhaar lösten ihre Hände, um Schneevogel hineinzulassen. Ihr schlanker, biegsamer Körper zwischen den beiden untersetzten Gestalten hob sich deutlich vor dem Feuerschein ab, als sie zu tanzen begann. Zärtlich umkreisten die Frauen diesen rätselhaften Mittelpunkt, und Linke Hand, der unablässig seine kleine Trommel schlug und das Geschehen beobachtete, dachte mit Grauen an den Säugling von Strahlende Sonne. Irgendein großes Geheimnis wurde hier leise zelebriert, so leise, dass die Kinder, die wie Welpen in warmen kleinen Fellhaufen schliefen, nicht aufwachten. Ein großes Geheimnis wurde geteilt, und instinktiv wusste er, dass die Trommel schweigen, der Tanz aufhören musste beim ersten Hinweis darauf, dass die Männer zurückkehrten. Er wunderte sich, dass die Frauen seine Gegenwart duldeten. Dann entsann er sich: Er, Linke Hand, war kein Mann.

Das kalte Licht der Sterne verblasste bereits, als die Trommel zu schlagen aufhörte. Die Tanzenden fuhren noch einige Augenblicke in ihrem schleppenden Schritt fort, gerade so lange, wie der Trommelschlag in ihren Herzen nachhallte. Dann vernahmen ihre Ohren das Schweigen. Die

Frauen blieben stehen, ließen die Hände sinken. Ihre müden Augen nahmen wieder wahr, ihre Gesichter entspannten sich.

Knirschender Schnee und murmelnde Stimmen waren in der Dunkelheit zu hören und eilig löste sich der Kreis auf. Strahlende Sonne und Feuerhaar liefen schnell zu der Mutter, um ihr zu helfen, das für die Zeremonie bereitete Nest zu verlassen und in den Schutz ihres windschiefen Zeltes zu gelangen. Laut und unbekümmert redend schlenderten die übrigen Tänzerinnen davon.

Linke Hand setzte die kleine, mit Schweinehaut bespannte Trommel ab und stellte sich davor. Zwei Gestalten näherten sich ihm vom Fluss her. Zuerst sah er ein riesiges Geweih, das vor dem Sternenhimmel hin und her schwankte, dann ein kleineres. Noch bevor die Eindringlinge bei ihm angelangt waren, wusste er, wer sie waren.

Wildfänger kam auf Linke Hand zugelaufen, mit etwas Abstand folgte Magier mit müdem Schritt. Wildfänger streckte seine Arme aus. Darüber lag ein wundervolles Fell, weiß wie das Licht des Mondes, dick und weich wie frisch gefallener Schnee. Der buschige Schwanz baumelte bis zu Wildfängers Füßen hinunter, der Kopf hing über Wildfängers Ellbogen.

»Das hier«, sagte Wildfänger zu Linke Hand, »ist für deine Aufgabe bei der Jagd. Zieh es über und komm schnell mit.«

Linke Hand schaute auf die leeren Höhlen im Kopf, aus denen einst gelbe, intelligente Augen geblickt hatten. Er sah auf das offen stehende Maul, in dem noch die spitzen Zähne steckten.

Magier humpelte herbei, um zu erklären, worum es ging. »Unsere Späher sagen, dass es dieses Jahr keine Wölfe gibt. Wir werden also einen falschen Wolf brauchen, um die Herde in unsere Richtung zu treiben. Du wirst besser sein als ein richtiger Wolf, denn du weißt, was wir wollen.«

Linke Hand griff nach dem Fell. Mit steifen Bewegungen zog er es sich ruckweise über die Schultern. Der Tierkopf fiel über seinen eigenen und schon fühlte er sich wie durch einen Zauber verwandelt. Wölfische Kraft floss durch seinen zerrissenen, schmerzenden Körper. Er fühlte, dass er in der Lage war, alles zu tun, was Magier von ihm verlangte. Es mochte schmerzhaft sein, aber sein Wolfsgeist würde den Sieg über den Schmerz davontragen – zumindest solange, wie die Jagd andauerte. Sein Blick fiel auf Wildfänger und er sah Respekt in den Augen des Freundes.

4

Als sich bei Sonnenaufgang der Wind erhob, öffnete die alte Renkuh ihre klugen Augen. Den größten Teil der Nacht hatte sie dösend dagelegen, mit geschlossenen Augen und gespitzten Ohren, den Kopf in die Luftströmung gereckt. Ihre Nase schlief nie. Schwache Schwingungen waren an ihre halb wachen Ohren gedrungen. Sie hatten schläfrig gezuckt, das Ren hatte geträumt, dass es rannte, aber die Schwingungen waren doch zu schwach und zu weit entfernt gewesen, als dass es davon wirklich aufgewacht wäre.

Rauch war etwas, das das Ren beunruhigte. Schon oft war er ein Vorzeichen von Gewalt und Verderben gewesen. Zurzeit lag dieser Geruch aber so anhaltend in der Luft, dass seine Nase ihn schon fast nicht mehr wahrnahm. Das ganze Tal war durchdrungen davon, es gab kein Entkommen.

Für die alte Renkuh wie für jedes andere der um sie herum schlafenden Rene gab es keine andere Route nach Süden. Nach Süden mussten sie, der neuen Sonne entgegen, und dies war die Strecke. Tausende von Vorfahren hatten den Pfad mit ihren Hufen ausgetreten, er lag ihnen im Blut. Einen anderen Weg konnte es nicht geben.

Nun erhob sich der Wind und drehte. Er blies jetzt von Norden her und trieb eine Rauchwolke das Tal hinunter. Mit ihm verschwanden auch alle anderen Ruf- oder Warnsignale. Doch die alte Renkuh träumte noch immer. Die nächtlichen Gerüche waren nicht alarmierend gewesen.

Als das erste graue Licht über den östlichen Bergspitzen erschien, kam die alte Renkuh langsam auf die Füße. Sie schüttelte sich den Schnee von ihrem struppigen Fell und sah sich nach den anderen um.

Die ruhende Herde hinter ihr schnaubte leise. Eins nach dem anderen erhoben sich die Tiere, schüttelten sich und sahen sich um, ob nicht noch ein Happen Moos zu finden sei, bevor sie wieder aufbrachen. Aber da war nichts mehr. Das ganze Gebiet war am Vortag von ihnen abgegrast worden.

Sie würden weiterziehen müssen. Es gefiel ihnen gar nicht,

mit dem Wind zu laufen. Unentschlossen drehte sich die Herde immer wieder um sich selbst. Blökend und schnaubend zogen die Tiere ihre Kreise, bedrängten einander. Geweihe stießen klickend aneinander, Schnee stob in Wolken hinter den stampfenden Hufen hoch.

Dann setzte sich die alte Renkuh in Bewegung. Entschlossen setzte sie ihre Hufe in den Schnee, und die übrigen Tiere folgten ihr – zunächst noch vereinzelt, dann immer rascher und gleichmäßiger, bis der Schnee unter den steten Schritten festgetreten war. Die Unsicherheit verließ sie beim Laufen. Nur die Allerersten konnten überhaupt irgendetwas anderes riechen als den Geruch der Herde. Der Wind spielte keine Rolle mehr.

Der Blick der alten Renkuh blieb wachsam. Von einer Seite zur anderen flog er. Ihre Nüstern waren jetzt nutzlos. Im Osten behielt sie den Fluss im Auge, den vereisten Pfad. Im Westen beobachtete sie die Felshänge. Eine Bewegung alarmierte sie.

Sie blieb stehen. Zwischen zwei Felsblöcken hatte sich etwas bewegt. Das erste der nachfolgenden Tiere zog an ihr vorbei, blickte ebenfalls nach oben. Die Herde wurde so langsam, dass sie beinahe stillstand.

Etwas Weißes schlich zwischen den Felsen umher. Hinter einem nahe gelegenen Fels tauchte ein Kopf auf. Die Renkuh konnte es deutlich im heller werdenden Licht erkennen – ein weißes Gesicht, eine schwarze Nase, spitze Ohren. Ein Wolf, nichts weiter. Die Renkuh war an Wölfe gewöhnt. Sie folgten der Herde; manchmal rissen sie ein krankes Tier, das hinter seinem Rudel zurückblieb. Solange sie kein Jungtier bei sich hatte, schenkte sie den Wölfen normalerweise wenig Beachtung.

Diesen Wolf jedoch hatte sie im frischen Morgenwind nicht gewittert, und er war näher, als ein umherschleichender Wolf der Herde sonst kam.

Während sie noch dastand und ihn ansah, fing sie den Hauch eines Holzfeuers auf, doch dieser Vorbote von Gefahren zog rasch nach Süden weiter.

Die Renkuh schnaubte und stampfte zur Warnung für den Wolf kräftig mit einem Vorderhuf auf. Dann wandte sie sich um und lief in Richtung Fluss. Die Herde hinter ihr wandte sich ebenfalls von den Felsen ab und folgte ihr.

Der Kopf des Wolfes erschien über dem Fels und reckte sich mit einem zähnebleckenden Grinsen zum Himmel. Ganz vorsichtig richtete sich Linke Hand auf und beobachtete die vorbeiziehende Herde. Ein Tier nach dem anderen erreichte die Stelle, wo die Renkuh angehalten und ihn angeblickt hatte, bevor sie den Weg zum Fluss hin einschlug. Renhirsche mit gewaltig ausladenden Geweihen und weibliche Tiere mit leichteren Waffen zogen vorbei. Jungtiere rannten und hüpften kopflos wie Kinder zwischen den nüchternen Erwachsenen umher. Linke Hand stellte sich vor, wie er all diese grauen und weißen Felle abzog, sie ausschabte und zusammennähte. Er sah Fleisch vor sich – Nacken und Lende, Keule und Schulter –, er sah Geweihe und Knochen, aus denen man Tausende von Werkzeugen schnitzen könnte.

Linke Hand wusste, dass die meisten der an ihm vorbeiziehenden Rene ihnen entkommen würden. Der mögliche Jagderfolg war begrenzt, nicht nur durch die Anzahl der Jäger, die sich unterhalb der Uferböschung versteckt hielten, sondern auch durch ihre Körperkraft. Trotzdem fühlte er, wie eine glückliche Gier sich seiner bemächtigte und sein Herz anschwellen ließ. Der Erfolg war so gut wie sicher. Er hatte die Herde so sicher umgelenkt, wie jeder wirkliche Wolf es gekonnt hätte. Jäger machten sich gern Wölfe zunutze, die sich an eine Herde angeschlichen hatten. Sie warteten, bis die von den Wölfen erschreckten Tiere näher gekommen waren. Manchmal arbeiteten die Wölfe auch direkt mit den Jägern zusammen, indem sie ihnen die Rene so weit zutrieben, dass sie nur noch einen Speerwurf entfernt waren. Sie hatten gelernt, dass die Jäger ihren wachsamen Gehilfen einen gerechten Anteil an den Innereien überlassen würden.

Dieses Mal war Linke Hand der Gehilfe, und er war es, der für seinen Einsatz einen Anteil an den Innereien beanspruchen durfte. Seine Rolle war eher unbedeutend – Wildfänger hätte sie niemals akzeptiert –, aber Linke Hand war darauf bedacht, jede noch so kleine Möglichkeit zu ergreifen, die sich ihm bot. Er lachte leise vor Freude, als er Fleisch und Felle an sich vorbei auf den Hinterhalt zuziehen sah.

Eine Hälfte der Jäger duckte sich unterhalb der Uferböschung und wartete darauf, dass die Herde in Sichtweite erschien. Die andere Hälfte wartete weiter unten im Tal im Schutze der Felsen. Nach dem ersten Angriff am Fluss würden die Tiere zu den Felsen galoppieren, wo dann ein zweiter

Angriff erfolgte. Es war unwahrscheinlich, dass auch nur eines von ihnen zurücklaufen würde. Sie waren jetzt darauf eingestellt, vorwärts zu laufen, und sollten doch Einzelne den Rückzug antreten, so würde der Wolf hinter den Felsblöcken hervorkommen, um sie den Jägern wieder zuzutreiben.

Linke Hand unterdrückte ein aufgeregtes Kichern. Ein junger Renhirsch hielt inne und blickte ihn an, dann machte er einen Satz und trollte eilends davon. Die übrigen Tiere, die hinter ihm waren, schlugen ein schnelleres Tempo an. Mit ihren Hufen wirbelten sie den Schnee hinter sich auf, vor dem die sonst leuchtend grauen Körper verblassten.

Linke Hand fuhr herum, als er hörte, wie hinter ihm Schnee in großen Schüben den Felsen hinunterrutschte. Eine rötliche Gestalt kam rasch auf ihn zu. Sie schob den Kopf mit den Reißzähnen nach oben und lachte Linke Hand an. Es war Schneevogel im Sommerfell eines Wolfes.

Er starrte sie an. Einen Moment lang fühlte er sich um seine Rolle betrogen. Andererseits – warum sollte sie nicht mitmachen? Er hatte ja keine Aufgabe übernommen, die von der Tradition geheiligt war. Jeder, der nicht zu etwas Wichtigerem befähigt war, konnte tun, was er tat. Und es war schön, den Spaß teilen zu können. Zum Zeichen seines Einverständnisses grinste er Schneevogel an und die beiden falschen Wölfe wandten sich wieder der Herde zu.

Die Reihen der Rentiere waren jetzt ausgedünnt, nur einige wenige Nachzöglinge trotteten noch vorbei: alte Rene mit humpelndem Schritt und weißer Halskrause auf magerem Hals, ein krankes Tier, das den Kopf tief hängen ließ und vor sich hin stolperte, als Letztes ein verwaistes Renjunges. Es kam mit zierlichen Schritten daher, den Kopf hielt es hoch erhoben auf dem schlanken Hals, die schmalen Läufe glänzten im Licht der ersten Sonnenstrahlen. Linke Hand erkannte das Kalb sofort. Natürlich: Es war das Tier, das er in den Schnee gezeichnet hatte, das Kalb aus der mondbeschienenen Schlucht. Dieses Kalb war es, in dessen Körper er während seines Fieberanfalls gerannt war.

Plötzlicher Zweifel durchbohrte seine Freude wie ein Pfeil. Was wäre, wenn das junge Ren, dessen Seele er geteilt hatte, getötet würde? Sollte jene Flucht im Mondlicht, jene Nacht der Furcht, der Hoffnung und des Reifens zu nichts anderem führen als zum Tod? Sollte das Kalb mit all seinen Gefühlen und Wahrnehmungen in Vergessenheit geraten? Das Tier würde weiterleben in den Menschen, die sein zartes Fleisch essen würden, in den Kindern, die sein Mark aussaugen und mit der Energie des Rens springen und rennen würden. Doch das Ren würde es nicht wissen. Es würde tot sein und niemals mehr mit eigenen Augen das Licht des Mondes oder der Sonne sehen.

Nur einen Augenblick lang überlief es Linke Hand kalt bei dieser Vorstellung. Dann stieß Schneevogel ihn an und gleich war er wieder zurück in seiner eigenen Welt.

Schneevogel zeigte mit dem Finger ins Tal. Die alte Renkuh, die sich so wunderbar lenken ließ, hatte die Herde ganz nah ans Flussufer geführt. Jeden Moment nun mochten die

Pfeile fliegen, doch der hintere Teil der Herde zögerte, wandte sich zu früh zu den Felshängen um.

Mit einem Satz kam Schneevogel aus ihrem Versteck hinter den Felsblöcken hervor. Tief hinuntergebeugt, rannte sie in großen Sprüngen und mit flatterndem Fell auf dasjenige von den ausscherenden Renen zu, das ihr am nächsten war. Linke Hand schob sich zwischen den Felsen hindurch und folgte ihr langsamer, die Hände gegen den schmerzenden Bauch gepresst. Der Wolfskopf hüpfte vor seinen Augen auf und ab, so dass er kaum sehen konnte, wohin er lief. Er stieß gegen einen Stein und blieb keuchend stehen. Er schob die Maske zurück und spähte ins Tal.

Ein weites, weißes Schneefeld erstreckte sich bis ans Eis und darüber hinaus bis zu den Felsen mit ihren braunen Höhlen. Unten am Fluss erschienen die Rene jetzt wie eine durchbrochene graue Linie, über der sich die Geweihe wie Zacken erhoben. Hinter den versprengten Tieren in seiner Nähe stob der Schnee hoch. An den entfernteren Felshängen waren die übrigen Tiere stehen geblieben. Sie sahen dem roten Wolf zu, der auf und ab sprang und mit dünner, unsicherer Stimme heulte. Sie spitzten die Ohren in verächtlicher Verwunderung.

Linke Hand holte tief Luft, auch wenn es ihm wehtat, und hob den Kopf. Er wollte Schneevogels Wolfsgeheul nachmachen und verstärken, doch stattdessen stockte ihm der Atem.

Hinter dem Felsblock, nur eine Armeslänge entfernt, sah er ein Gesicht, Augen, die ihn anblickten. Über der gerunzelten weißen Stirn saßen zwei kleine Ohren, die zu Linke Hand hin gespitzt waren. Unter einer schmalen, schwarzen Schnauze hing eine lange, rote Zunge entspannt herunter. Der Wolf schluckte, öffnete das Maul wieder und blies Linke Hand seinen schweren Atem direkt ins Gesicht.

Bewegungslos lag Linke Hand gegen den Felsen gepresst. Sein Herz gefror und schien stillzustehen. Er trug keine Waffe bei sich. Diese Wölfe waren zwar klein, aber kräftig, und er erinnerte sich an Erzählungen am Lagerfeuer über Menschen, die von solchen Wölfen angegriffen worden waren.

Doch als er dem Tier in die gelben Augen sah, wusste er, dass er keine Waffe brauchen würde. Dieser Wolf war weder hungrig noch ängstlich, weder schlich er sich an Linke Hand heran, noch schien er sich vor ihm zu fürchten. Er war aus einem anderen Grund zu ihm gekommen.

Seine Augen zeigten Neugier, das Erkennen von Verwandtschaft. »Du und ich, wir sind uns ganz ähnlich«, war ihre Botschaft. »Beide sind wir Raubtiere.«

Hinter der Felskante wedelte die Schwanzspitze des Wolfs langsam hin und her, wie eine leuchtende Feder in der Morgensonne.

Linke Hand entspannte sich. Andere Geschichten fielen ihm jetzt ein, die wie Geister weit hinten in seinem Bewusstsein umherschwirrten. Und diese Geschichten bewiesen, dass Wölfe, die sich den Menschen näherten, in den meisten Fällen friedlich waren.

Der Wolf wandte seinen Blick ab. Sein kantiges Profil wies zum Fluss, die Ohren waren aufmerksam gespitzt. Einen Augenblick später hörte auch Linke Hand das Geräusch – ein aufgeregtes Brüllen in der Ferne. Er wagte es, den Wolf aus den Augen zu lassen und zum Fluss hinunterzusehen.

Statt der verschwommenen grauen Linie, die die Rentiere gebildet hatten, waren nun lauter einzelne Punkte zu sehen. Unten im Tal stoben die Tiere auseinander. Hier und da taumelte ein Tier und brach dann zusammen. Die Männer auf der Uferböschung waren nur als rennende, Pfeile schleudernde Schatten zu erkennen.

Linke Hand vergaß seine Schwäche und seinen Schmerz; sogar den Wolf, der plötzlich verschwunden war, hatte er vergessen. Er beeilte sich, mit hinkendem, schleppendem Schritt den roten Wolf einzuholen. Schneevogel sprang auf und ab, schwenkte die Arme und brüllte die Hand voll versprengter Tiere an, die in ihrer Nähe stehen geblieben waren. Mit erhobenem Kopf und gespitzten Ohren wandten sie wie ein einziges Tier den Jägern ihren weißen Hinterleib zu und sammelten alle Kraft, die ihnen noch geblieben war, um über den festgebackenen Schnee zurückzugaloppieren. Die schneeweiße Halskrause wehte und die Nüstern bebten, als sie in einen schnellen Trab fielen, der die Entfernung auslöschte.

Sie kamen in einem Winkel angestürmt, um so die brüllenden Wölfe zu überholen. Linke Hand stellte sich ihnen in den Weg. Er schwenkte die Arme und heulte laut. Im nächsten Moment war er auf allen Seiten umgeben von galoppierenden Rentieren. Blitzschnell sprengten sie vorbei, angsterfüllte glasige Blicke trafen ihn von der Seite. Er sah den

Schaum auf den Lippen der Rene und roch ihre Körper, die vorüber rannten, während er ohne Waffe zusehen musste.

Mit hängendem Kopf ließ er die letzten Tiere flüchten, ohne auch nur den Versuch zu machen, sie aufzuhalten. Er sah nur noch ihre Hufe, die auf dem gefrorenen Schnee laut dröhnten. Dann bewegten sich vier schlanke Beine an ihm vorbei, kleine schwarze Hufe funkelten im Sonnenlicht. Der Kopf auf dem gereckten Hals war gesenkt und die Schultern waren gekrümmt, so dass von dem Renkalb nicht viel mehr zu sehen war als ein weißer Rumpf, der schnell verschwand, vorwärts getrieben von dem hin- und herschwingenden Hinterteil. Linke Hand stand da und sah zu, wie sich das weiße Fell langsam im Schnee auflöste. Eine Weile noch konnte er die immer blasser werdenden dunklen Beine ausmachen, sah er den Kopf mit den Ohren aufblitzen, dann war das Ren völlig vom weißen, weiten Morgen verschluckt.

5

»Lauf!«, hörte Linke Hand eine hohe Stimme dicht bei seinem Ohr. »Hör nicht auf zu laufen. Wenn du dich jetzt hinlegst, stehst du nie mehr auf.« Linke Hand hatte sich eben gebückt, um in das Zelt von Großer Jäger zu kriechen, als Magier ihn von hinten packte. Knochige Finger krallten sich in seine Schultern und stießen ihn vom Zelt weg, zurück zur Menschenmenge.

Das Einzige, wonach Linke Hand sich wirklich gesehnt

hatte, war, sich in einem Zelt zu verkriechen, sich ein Fell über den Kopf zu ziehen und die Welt da draußen auszuschließen. Magier hatte ihm das weiße Wolfsfell weggenommen und damit seine magischen Kräfte. Jetzt war er wieder ein Krüppel, der unter Schmerzen und von allen gemieden durchs Lager streifte. Und seit Magier angefangen hatte, ihn zu beobachten, gab es keinen Ausweg mehr. Es blieb ihm nichts anderes übrig, als umherzuhumpeln, seinen Schmerz zu fühlen, zuzuschauen, zuzuhören.

Nach dem gewaltigen Schlachtfest am Flussufer hatten sie das Lager verlegt. Das war kein großer Aufwand. Die Frauen klappten die Zelte einfach zusammen, rollten die wenigen Habseligkeiten ein, legten sie auf die Gepäckschlitten und zogen hinaus, um näher bei den erlegten Tieren zu sein. So standen die Zelte jetzt verstreut zwischen ausgebreiteten, am Boden festgepflockten Häuten und aufgehäuften Innereien. In Streifen geschnittenes Fleisch baumelte zum Trocknen über kleinen Feuern. Im ganzen Lager waren Frauen munter bei der Arbeit, die sie sich mit Reden versüßten. Ein anhaltender dumpfer Ton lag in der Luft, das beständige Summen heiterer Stimmen, das immer wieder von Lachen unterbrochen wurde. Eine der Stimmen, die im Eifer des Gesprächs gerade etwas lauter wurde, kam ihm bekannt vor. Hoffnungsvoll wandte sich Linke Hand ihr zu.

»Ich weiß, ich weiß«, schallte es laut herüber, »dein Sohn ist ein hübscher Junge. Aber ich will mehr. Wie er aussieht, ist mir nicht wichtig. Ich suche einen Mann. Wildfänger ist mir zu jung.«

»Und was bist du, Feuerhaar – etwa eine alte Frau?« Strahlende Sonne kicherte.

Strahlende Sonne, Feuerhaar und Schneevogel knieten auf einem blutverschmierten Fell. Acht spitze Pflöcke aus Rentierknochen hielten das Fell gestreckt, während die Frauen im gleichmäßigen Rhythmus daran arbeiteten. Zuerst warf sich Feuerhaar nach vorn, hieb ihren Schaber in die Mitte des Fells und zog ihn wieder zu sich her. Während sie sich langsam zurücklehnte und auf ihre Fersen setzte, beugte Strahlende Sonne sich von der anderen Seite vor, und als auch sie sich wieder zurücklehnte, kam Schneevogel an die Reihe und bearbeitete das Stück zwischen ihnen. Wenn sie so weiterarbeiteten, dann würden sie das Fell, noch bevor die Sonne ihren höchsten Stand erreicht hätte, von Blut und Fettresten befreit haben. Linke Hand wusste, was Schneevogel mit dem Fell vorhatte. Es war die Haut einer alten, unfruchtbaren Renkuh, dem ersten Tier, das aus dem Hinterhalt heraus getötet worden war, und Strahlende Sonne hatte es Schneevogel für einen besonderen Zweck gegeben.

Langsam bewegte Linke Hand sich auf die ihm vertraute Gruppe zu. Er wollte die beruhigende Stimme von Strahlende Sonne hören, wollte sehen, wie sie mit seinem Fell vorankamen. Während er sich vorwärts schleppte, kreuzte er den Weg dreier junger Männer, die nebeneinander hergingen und sich mit großen Gesten laut ihrer Taten rühmten. Beim Anblick von Linke Hand blieben sie abrupt stehen. Er stand still, um sie vorbeizulassen, aber angesichts einer solch bösen Erscheinung zögerten sie weiterzugehen.

Es waren rotwangige, breitschultrige junge Männer, heiter und wohl genährt. Zwei von ihnen waren dunkelhaarig und hatten wettergegerbte Gesichter. Der mittlere war blond und hatte blaue Augen, und einen Moment lang huschte Kummer über sein Gesicht wie ein Schatten. Es war Wildfänger. Gleich darauf lachte er wieder und wies seinen Freunden einen Weg um Linke Hand herum. Sie gingen hinter ihm vorbei, alle drei im gleichen Schritt, und verschwanden in der Menge.

Linke Hand blieb zurück.

Er sah, wie Feuerhaar Wildfänger hinterhersah. Sie streckte einen kräftigen weißen Arm aus und zeigte auf den jungen Mann, dann drehte sie sich um und wies auf eine Gruppe von Jägern, die schweigend zusammenhockten und zufrieden das Mark aus einem Haufen von Knochen saugten.

»Der da!«, hörte er sie sagen. »Der Bruder deines Mannes.«

»Großer Jäger?«

»Ja, Großer Jäger. Das ist es, was ich suche, ein Jäger. Er hat seinen Namen sicher nicht daher, dass er den ganzen Tag herumsitzt und am Knochen nuckelt!« Und mit einem spöttischen Lächeln fügte sie hinzu: »Und er sieht fast so gut aus wie Wildfänger!«

Schneevogel bemerkte mit sanfter Stimme: »Mir wäre ein Jüngerer lieber.«

Nun war wieder die alles übertönende Stimme Feuerhaars zu hören. »Du weißt nie, was aus einem Jungen mal wird. Es kann sein, dass er zu nichts taugt. Vielleicht wird er sogar wie dieser arme Teufel, der nicht einmal gerade stehen kann.«

»Du meinst den Sohn von Großer Jäger!«, verbesserte Schneevogel sie ärgerlich.

»Seinen Sohn?!« Feuerhaar unterbrach ihre Arbeit. In der Mitte des Fells auf ihren Schaber gestützt, starrte sie Schneevogel mit offenem Mund an. Die Gedanken, die ihr durch den Kopf jagten, standen ihr offen ins Gesicht geschrieben.

Der Blick, den Strahlende Sonne ihrer Schwester zuwarf, war wie ein Speer. Eine neue Hoffnung war in ihrem ausgehungerten Herzen erwacht. In wenigen Tagen würde sie ihren Schlitten wieder beladen müssen, um von neuem mit ihren schweigsamen Männern in die endlose Welt ziehen zu müssen. Vielleicht könnte man dieses kräftige, warmherzige Mädchen, das so gern plauderte, überreden, mit ihnen zu kommen.

Sie begann zu erzählen. In ihrer Hast versprach sie sich und vergaß, was sie schon gesagt hatte, sagte es ein zweites Mal. Wörter fielen flatternd aus ihrem Mund wie junge Vögel aus einem Nest. Linke Hand sei nicht von Geburt an so gewesen, versicherte sie ihr.

»Es geschah vor einem Mond, und überhaupt wird er nicht mit uns ziehen«, sagte Strahlende Sonne gerade in dem Moment, als Linke Hand hinzutrat und sein Schatten über das Fell fiel.

Strahlende Sonne verstummte und die beiden Mädchen blickten auf. Sie grinsten Linke Hand an und Feuerhaar beugte sich wieder über das Fell. Sie schabte eifrig, Schneevogel nachdenklich. Strahlende Sonne war verwirrt und verpasste zweimal ihren Einsatz.

»Mach schon, Strahlende Sonne!«, schimpfte Feuerhaar. »Du wärst an der Reihe gewesen.«

Strahlende Sonne machte sich wieder an die Arbeit, und Feuerhaar kehrte zurück zu dem Thema, das sie beschäftigte, gerade so, als befände sich kein junger Mann in Hörweite.

»Er ist nett und er sieht gut aus«, sagte sie, »und ein guter Jäger ist er auch. Ihr geht sicher nicht oft hungrig schlafen, oder?«

»Nein, nicht oft«, beeilte sich Strahlende Sonne zu sagen und fügte schlau hinzu: »Er ist einsam.«

Linke Hand beugte sich vor. Er sah hinunter auf die drei Köpfe, die sich abwechselnd über das Fell neigten: einer schwarz, einer rot und einer goldgrau. Die Schaber bissen sich fest, die Worte flogen hin und her. Es waren die Worte von Frauen, einfältig und schwatzhaft.

Nach einer Weile wandte Linke Hand sich ab und ging davon, um anderen Gruppen zuzusehen und anderen Unterhaltungen zu lauschen.

Eine Meute von Kindern rannte ihn fast um. Fink flitzte hinter ihnen her. Fest umklammert in seiner Hand hielt er einige Rentierdärme, die wie ein Schwanz hinter ihm herwehten.

Nicht weit von Linke Hand blieben die Kinder stehen. Am Rande der Gruppe hüpfte Fink auf und ab. Linke Hand sah ihm traurig zu. Niemand, nicht einmal die Kinder, wollte viel mit einem Jungen zu tun haben, dessen Bruder von einem Bären zum Krüppel gemacht worden war.

Die Bande kicherte und zappelte aufgeregt, als ein Kleiner aus ihrer Mitte ausbrach und ins nächste Zelt schlüpfte. Zufrieden lächelnd kam er wieder heraus, etwas Weißes in den rußverschmierten schmalen Armen. Er verschwand in der johlenden, hüpfenden Meute.

Linke Hand schleppte sich näher heran und ließ sich vorsichtig auf dem fest getretenen Schnee nieder, in sicherer Entfernung von den Kindern, aber nah genug, um das Spiel verfolgen zu können.

Der Kreis öffnete sich und eine Reihe kleiner Mädchen trat heraus. Trippelnd und tänzelnd liefen sie hintereinander her, die Finger wie Geweihe über der Stirn. Die kleinen Jungen warfen sich der Länge nach auf den Schnee und schlängelten sich mit hochgereckten Pos vorwärts, um den Renen nachzusetzen. Linke Hand nickte beifällig vor sich hin, zufrieden mit ihrer Geschicklichkeit. Genauso hatten Wildfänger und er es in manchem mit großem Ernst betriebenem Spiel gemacht.

Im nächsten Augenblick durchfuhr ihn ein kalter Schmerz wie plötzliche Übelkeit. Er sah, wie sich der kleine Junge in etwas geheimnisvolles Weißes einwickelte. Es war das Wolfsfell, in dem er, Linke Hand, gesteckt hatte, als er die Herde umgelenkt hatte. Der Wolfskopf schlackerte auf der Brust des Kindes, der Schwanz schleifte hinter ihm auf dem Boden. Der Junge lief schwerfällig, mit abgehackten Bewegungen sprang er abwechelnd auf und duckte sich – gerade so wie ein verkrüppelter Mensch, der tut, als wäre er ein Wolf.

Von welchem günstigem Ort aus hatte dieses scharfsichtige Kind ihn beobachtet? Linke Hand zog eine Grimasse und biss sich auf die Zunge. Im selben Augenblick ertönte ein lauter Ruf aus dem gleichmäßig dahinfließenden Strom erwachsener Stimmen.

Eine kräftige Frau mit schweren Bewegungen platzte mit drohend ausgestreckter Hand und vor Zorn gerötetem Gesicht in das Jagdspiel hinein. Sie warf die stolze kleine Leitkuh um und stieß gegen die Reihe der trippelnden Rentiere. Die langsameren gingen gleich zu Boden, während die flinkeren zurückwichen und rasch davonliefen, um sich in Sicherheit zu bringen.

Der kleine Wolf sah sie kommen. Er wollte wegrennen, aber der Weg war ihm versperrt durch die vielen pirschenden Jäger, die in alle Richtungen flüchteten. Bevor er auch nur einen Schritt tun konnte, war die wütende Frau bei ihm und packte ihn wie ein Bär, riss ihm das Wolfsfell von den Schultern und versetzte ihm eine schallende Ohrfeige, die ihn fast umwarf.

Freudig grinsend saß Linke Hand im Schnee. Wie gern hätte er das Spiel der Kinder mit gleicher Heftigkeit abgebrochen! Schadenfroh sah er dem kleinen Jungen nach, der, die Hand aufs Ohr gepresst, heulend davonstolperte.

Derweil nahm die Frau ihr Wolfsfell auf den Arm. Sie wiegte es in ihren Armen wie einen Säugling. Sanft murmelnd trug sie es zu ihrem Zelt zurück.

Hinter ihr sammelten sich die Kinder aufs Neue. Lachend bürsteten sie sich den Schnee von Knien und Schultern. Einige der kleinen Mädchen wiegten etwas Unsichtbares in den Armen – sie übten schon für den Tag, an dem sie selbst Mütter sein würden. Dann flog die Bande zu neuen Spielen davon, kaum den Schnee mit den Füßen berührend, wie ein Bienenschwarm, der sich in die Luft erhebt. Fink rannte ihnen nach; noch war er stärker im Boden verwurzelt, doch er flatterte schon hoffnungsvoll mit den Armen.

Plötzlich wurde Linke Hand von hinten ergriffen und auf die Füße gestellt.

»Du hast lange genug herumgesessen«, grunzte der Bär. »Du wirst jetzt deine Muskeln dehnen!« Mit diesen Worten drehte er Linke Hand um und trieb ihn zurück zu dem Fell der alten Renkuh. Strahlende Sonne, Feuerhaar und Schneevogel blickten erstaunt auf, als Linke Hand in ihren Kreis gestoßen wurde und auf einmal neben ihnen kniete.

»Gib ihm deinen Schaber, Feuerhaar!«, befahl Magier. »Dieser Junge darf jetzt mal ordentlich schuften – haha!«

Mit offenem Mund starrte Feuerhaar ihn an. Wütend knurrte Magier und holte mit der Tatze aus und Feuerhaar warf Linke Hand schnell über das Fell hinweg den Schaber zu.

»So«, sagte Magier und beugte sich über ihn. »Du weißt ganz gut, was du zu tun hast. Nun lass sehen!« Wie ein unruhiges Pony schnaubte und stampfte er, während Linke Hand zögernd den Arm ausstreckte und den Schaber mitten aufs Fell setzte.

»Nein, nein, mein Junge, mit zwei Händen. Und dehn deinen Bauch!«

Linke Hand reckte sich und stöhnte auf.

»Genau so, ganz genau; streng Bauch und Rücken an. Den neuen Anzug musst du dir verdienen.« Magier kicherte, wirbelte herum und hoppelte wie ein Hase davon.

Linke Hand schaute ihm mit wütendem Blick hinterher.

»Es ist besser, du tust, was er sagt«, warnte ihn Strahlende Sonne.

»Magier weiß am besten, was gut für dich ist«, sagte Schneevogel ermutigend.

Feuerhaar schnaubte verächtlich, stand auf und ging davon. Sie war jetzt ohne Schaber und fand es auch nicht klug, Zeugin zu werden von dieser peinlichen Situation. Man konnte nicht sicher sein, dass es Magier nicht tatsächlich gelingen würde, Linke Hand zu heilen. Dieses Wrack mochte eines Tages wieder wie ein Mann herumlaufen.

Wütend und vor Zorn und Schmerz stöhnend, beugte Linke Hand sich über das Fell. »So!«, und »Da hast du!«, knurrte er, hieb auf das Fell ein und wünschte, es wäre Magiers Rücken. Das Fell riss, ein kleines rotes Loch öffnete sich unter den wütenden Bewegungen seiner Hand.

»Linke Hand«, mahnte Strahlende Sonne ihn leise, »nicht so grob. Arbeite am Rand, wo es nicht so darauf ankommt.«

Ein schriller Schrei zerriss das Stimmengewirr. »Seht doch nur, der Krüppel. Er arbeitet!«

Mit schnellen Sprüngen war Finks Bande um sie herum. Der kleine Junge mit dem geschwollenen roten Ohr zeigte mit dem Finger auf Linke Hand und schrie verächtlich lachend. Andere Jungen warfen sich auf den Schnee, schabend und stöhnend. Die kleinen Mädchen zappelten und grölten vor Lachen.

Linke Hand richtete sich auf. Er nahm die Schultern zurück, ohne auf den Schmerz zu achten. Er hielt den Schaber wie einen Speer und starrte den Jungen mit dem geschwollenen Ohr kalt an.

Das Gelächter erstarb. Erstaunt und gebannt wichen die Kinder zurück.

»He!«, sagte der Kleine leise und tat einen Schritt nach hinten.

Da löste sich die verschwommene Vision, die Linke Hand gehabt hatte. Der Junge war kein Feind, nur die höhnische Verkörperung der feindlichen Stimmung im Lager. In Wirklichkeit war er nicht größer als Fink.

Linke Hand ließ den Schaber sinken.

Im selben Moment sprang Schneevogel auf und über das Fell hinweg. Mit derselben Leichtigkeit, mit der man einen Umhang abwirft, ließ sie ihre erwachsene Haltung fallen.

»Kommt, jetzt gibt's ein Wettrennen!«, rief sie den Kindern zu. »Ich schlage die Trommel dazu!« Und fort war sie, zwischen den Feuern hindurchtauchend, die kreischenden Kinder immer hinter ihr her. Nur Fink blieb zurück und sah Linke Hand mit traurigem Erstaunen an.

»Da kommt Magier!«, warnte Strahlende Sonne, und Linke Hand machte sich daran, ihr beim Ausschaben zu helfen. Er reckte sich weit vor und wunderte sich, dass es weniger wehtat als vorher. Sein Arm ließ sich leichter ausstrecken und in seinen Schultern pulsierte das Blut.

6

Am Abend, als es kalt wurde unter dem klaren Himmel, kamen die Bisonhorn und Großer Jäger zu Strahlende Sonne ans Feuer. Sie setzten sich nah an die glühenden Kohlen, wackelten mit den Zehen und schnupperten voller Vorfreude auf die Rentierkeule, die Strahlende Sonne gerade aus der Asche ausgrub. Funken stoben auf und flogen in trägen Spiralen zu den Sternen empor. Überall um sie herum brannten Feuer, an denen Essen bereitet wurde. Der köstliche Geruch von geröstetem Fleisch lag über dem ganzen Tal. In gutmütigem Schweigen sahen die beiden Männer zu, wie Strahlende Sonne die Keule auf den Schnee zog. Dann machten sie sich mit Klingen und Fingern darüber her.

Eine Zeit lang herrschte fast völlige Stille im Lager. An allen Feuern rissen die Männer Stücke vom Fleisch ab, kauten und schluckten.

Als die Hände seltener zugriffen und die Bärte der Männer im Schein des Feuers fettig glänzten, sagte Strahlende Sonne: »Großer Jäger.«

Überrascht blickten die beiden Männer sie an. Strahlende Sonne hatte es längst aufgegeben, in Gegenwart der Männer den Mund zu öffnen. Wenn sie doch einmal sprach, wandte sie sich normalerweise nur an Bisonhorn.

»Großer Jäger, du kennst doch dieses Mädchen, Feuerhaar?«

Laut schmatzend starrte er sie an.

»Das große Mädchen mit den roten Haaren …«

Er nickte.

»Sie würde mit uns gehen, wenn du sie fragst.«

Großer Jäger schaute ins Feuer. Eine Weile saß er schweigend da, dann stand er auf und ging davon. Er lief umher, Kreise ziehend, aber im Großen und Ganzen in die Richtung, wo das Feuer des rothaarigen Mädchens war.

Der Magier

1

Wie ein Eichhörnchen, das sich aus einem dunklen Baumloch windet, so schlüpfte Magier aus seiner magischen Verkleidung heraus. Er hob die riesige Maske mit dem Geweih über den Kopf, und Linke Hand war überrascht zu sehen, wie das kleine, runzlige Gesicht, das Gesicht eines sehr alten Mannes, lachte und zuckte vor Freude darüber, die Sonne zu sehen.

Er stieg aus dem ehrwürdigen Fell heraus und ließ es in einem Haufen auf dem Schnee liegen. Nacheinander schüttelte er die knochigen Arme und Beine. Seine ganze rechte Seite schien verkümmert und welk. Der rechte Arm war nur halb so kräftig wie der linke. Beide waren freudig dem strahlenden Himmel entgegengereckt.

Schließlich senkte Magier seinen Kopf mit dem wirren, weißen Haar und schlug einen Purzelbaum. Als er auf die Füße sprang, lachte er über den erstaunten Blick, mit dem Linke Hand ihn ansah. »Noch bevor ich mit dir fertig bin, wirst du das auch können«, sagte er. Linke Hand wollte sich gar nicht vorstellen, dass er selbst jemals irgendetwas Ähnliches tun würde. Niemals, so weit seine Erinnerung zurückreichte, hatte er Großer Jäger einen Purzelbaum schlagen sehen.

In leiser Ungeduld standen die anderen wartend dabei. Die Speere in der Hand, standen sie um das sterbende Feuer von Strahlende Sonne, um sie herum andere sterbende Feuer. Die Letzten der weiterziehenden Menge waren nur noch ein blasser Streifen, der sich in Wellenlinien flussabwärts bewegte wie eine entfernte Herde. Von dem ausgedehnten Zeltlager war kaum mehr geblieben als Rauch. Hundert schwelende Kohlenhaufen und die dünne Abfallschicht, die über das Gebiet verstreut lag – Reste von Knochen, Häuten, Fleisch –, verrieten zwar, dass hier Menschen gelebt hatten, doch schon der nächste Sturm würde diese Zeichen auslöschen.

Zwei kleine Zelte schmiegten sich noch an die Felshänge. Das eine gehörte Magier, das andere war ein Abschiedsgeschenk von Strahlende Sonne und Feuerhaar für Linke Hand. Auf dem Trockengestell zwischen den Zelten hing in Streifen das Fleisch von drei Rentieren.

Mit verächtlicher Geste zeigte Großer Jäger darauf. »Was wollt ihr eigentlich essen?«, fragte er. »Das da wird nicht lange reichen.«

Er stand am nächsten bei den Frauen, während Bisonhorn und Wildfänger sich bereits ein Stück entfernt hatten, bereit zum Aufbruch.

Magier lachte. »Drei Rene für drei Leute! Wenn die aufgegessen sind, kann ich immer noch einiges auftun, Großer Jäger. Es muss ja nicht immer Bisonrücken oder Rentierkeule sein. Du würdest staunen, was ich alles esse – Hasen, Ferkel, Ratten, alles, was mir so über den Weg läuft. Und was deinen Sohn angeht: Ich werde ihn gesund machen. Komm zurück, wenn die neue Sonne verblasst, dann kannst du ihn in einem Bärenfell tanzen sehen.«

Es war offensichtlich, dass Großer Jäger ihm nicht glaubte.

»Schau nur, wie aufrecht er schon wieder steht, seit ich ihn die Übungen machen lasse. In dem Alter lässt sich mit so einem Jungen noch alles machen. Kein Grund zur Verzweiflung!«

Großer Jäger verzog das Gesicht, so peinlich war ihm diese Rede.

Es war Linke Hand schon bei anderen Gelegenheiten aufgefallen, wie unbedacht Magier sprach. Wie eine Frau plapperte er alles daher, was ihm durch den Kopf ging, und oft untermalte er seine Worte noch mit Gesten und Tänzen. Im Moment hüpfte er auf und ab und zeigte immer wieder auf Linke Hand.

»Dieser Junge wird auf die Jagd gehen. Und er wird noch mehr können!«

Magier stellte sich dicht vor Großer Jäger und reckte den weißen Kopf weit vor, bis er gegen die Brust des jüngeren Mannes stieß. Großer Jäger machte einen Schritt zurück.

»Ich werde deinen Sohn mitnehmen auf die andere Seite des Flusses.« Mit seinem runzligen Finger wies er zum weiten, weißen Eis hinüber. »Ich habe Geheimnisse dort drüben, Geheimnisse, die mit Magie zu tun haben. Du selbst hast mir einmal gesagt, dass dein Sohn magische Kräfte in seiner linken Hand hat.« Lachend trat Magier einen Schritt zurück. »Wenn du ihn wiedersiehst, werdet ihr ihn anders nennen.«

Nach einem letzten spöttischen Kichern in die Richtung von Großer Jäger wandte sich der alte Mann nun Strahlende Sonne zu. Als seine dürren Arme sich um ihren kräftigen Körper schlossen, sah es fast so aus, als umarmte eine Spinne eine Fliege.

Großer Jäger und Linke Hand sahen einander lange an. Hoffnung sprach aus dem Blick des Vaters, so als wollte er sagen: Vielleicht schafft es Magier ja. Vielleicht werde ich dich hier wiedersehen. Aber auch eine Warnung sprach aus ihm: So, wie du jetzt bist, will ich dich nicht wiedersehen.

Ich weiß, antwortete Linke Hand mit den Augen.

Strahlende Sonne wandte sich um und griff nach dem Seil ihres Gepäckschlittens. Auch Feuerhaar nahm ihr Seil in die Hand. Bisonhorn und Wildfänger sprangen davon wie zwei aufgeregte Renhirsche, die die Landschaft absuchen und Witterung aufnehmen nach neuen Gerüchen.

Sie hatten Fink vergessen. Angstvoll sprang er hin und her, mal den aufbrechenden Frauen nach, dann wieder zu Linke Hand zurück. Schließlich tat er einen Entschluss, rannte auf Linke Hand zu und klammerte sich verzweifelt an den Arm des Bruders, so fest, dass er ihm wehtat. Linke Hand schüttelte ihn ab, aber Schneevogel streckte die Arme nach ihm aus und drückte den Jungen an sich.

Bald waren die Männer nur noch graubraune Flecken in der Ferne. Die Frauen folgten langsamer, die Rücken gebeugt, die Köpfe im Gespräch zusammengesteckt.

Linke Hand wusste, wie Feuerhaar sich fühlte, während sie so losstapfte in ein neues Leben. Und er spürte, wie erleichtert Strahlende Sonne war: Kein kranker Säugling, kein verletzter Junge belasteten sie. Sie bewegte sich wie eine junge Frau.

Die Augen der Männer waren weit nach vorn gerichtet. Unablässig suchten sie den Horizont nach braunen Flecken ab, die sich bewegten, nach einem Ren, das aufstand und sich den Schnee von den Flanken schüttelte.

Voll Bitterkeit sah Linke Hand sie ziehen, die Gemeinschaft der Starken. Es würde eines ungeheuren Zaubers bedürfen, ihn wieder zu heilen. Er glaubte nicht daran, dass dieser seltsame, weibische Mann es könnte.

2

»Aber Schneevogel!«, protestierte Fink. »Das ist doch viel zu groß für mich. Sieh doch nur!« Fink warf sich rücklings auf das Fell. »Es reicht mir bis an die Füße. Wie soll ich darin rennen können?«

Schneevogel lachte. Vornübergebeugt auf dem Fell kniend, nähte sie unablässig. Auf und ab, auf und ab ging die Nadel aus Rentierknochen und zog die Sehne straff und fest durch beide Fellkanten. Unter den starken, schnellen Händen Schneevogels nahm eine Jacke Gestalt an. Sie schob Fink zur Seite und arbeitete weiter.

»Das hier ist auch nicht für dich«, sagte sie.

»Oh!« Fink war es gewöhnt, dass immer zuerst an ihn gedacht, für ihn gesorgt wurde. Ihm schien es selbstverständlich, dass ein neues Kleidungsstück aus so feinem Fell für ihn sein musste. Es dauerte einen Atemzug lang, bis er begriffen hatte.

»Es ist für Linke Hand!«, sagte er unvermittelt.

»Ja.«

Schneevogel sprach leise, beinahe als verriete sie ein Geheimnis, aber Fink spürte keine Verlegenheit. »Linke Hand!«, schrie er aufgeregt, »Linke Hand!« Er sprang auf und lief um das Zelt herum auf der Suche nach seinem Bruder. Schneevogel, die jetzt allein zurückgeblieben war, biss die Sehne ab, band einen Knoten und begann damit, die andere Seite der Jacke zu säumen.

Hinter dem Zelt schlug Fink ein starker Geruch ins Gesicht wie eine Faust. Es war der Geruch von Linke Hand, eine ekelerregende Mischung aus Blut und Schweiß. Dort drüben war er, etwa fünfzig Schritt von einem kleinen Feuer entfernt. In der Glut stand eine Steinschale, aus der der schwere Geruch aufstieg. Magier beugte sich darüber und murmelte vor sich hin, während er mit einem Renknochen darin rührte.

Ohne sein Bärenkostüm war Magier eine eher noch wunderlichere Gestalt. Sein dünnes, wirres, schlohweißes Haar fiel in Strähnen bis auf die Schultern hinab. Nie zuvor hatte Fink so weißes Haar gesehen. Wer solches Haar hatte, musste unvorstellbar alt sein. Das Gesicht, das zu Linke Hand aufsah, war so runzlig wie die Innenfläche einer Hand. Aus den kleinen blauen Augen, die sich zwischen den vielen Falten fast verloren, sprach eine erstaunliche Klugheit. Der groteske Körper, dessen eine Hälfte sich rasch und voller Anmut zu bewegen verstand, während die andere Hälfte verkümmert und wie abgestorben schien, wirkte gruselig. Magier sah mehr wie ein Geist als wie ein Mensch aus, mehr wie ein Zauberwesen als wie eine sterbliche Gestalt.

Doch an manchem kalten Abend hatte Fink sich im Zelt dicht an Magier gekuschelt. Er hatte Knochen abgenagt, die der alte Mann fortgeworfen hatte, und hatte noch viel gutes Fleisch daran entdeckt. So rückte er auch jetzt näher an die Ehrfurcht gebietende Gestalt heran und sah ihr über die Schulter.

»Iiiihh!«, rief er aus. »Was ist denn *das*?« In der steinernen Schale blubberte eine gräuliche Masse, die langsam Ringe bildete.

Magier lachte leise und murmelte etwas von einem Zauber. Dann sagte er mit fester Stimme zu Linke Hand: »Zieh dich aus!«

Steif trat Linke Hand ans Feuer. Inzwischen fiel ihm das Gehen leichter als bei seiner Ankunft im Tal, und obgleich seine Bewegungen noch immer ungelenk waren und einen Ausdruck von dumpfem Schmerz in seinen braunen Augen hervorriefen, konnte er doch fast schon wieder gerade stehen. Mit unbeholfenen Fingern versuchte er, die Sehnen zu öffnen, die seine schmierige Jacke fest zusammenhielten.

Eilig lief Fink zu ihm, um ihm zu helfen. »Lass mich das machen, Linke Hand.«

Magier hielt eine Hand abwehrend hoch. »Er muss das selbst machen. Wenn jemand ihm dabei hilft« – warnend blickten die blauen Augen zu Fink hinüber –, »wenn jemand ihm hilft, egal wer, dann wirkt der Zauber nicht.«

So stand Fink hilflos daneben und sah zu, wie Linke Hand mit den Fingern kraftlos an den Sehnen zog und zerrte. Es dauerte lange. Eine Wolke schob sich vor die Sonne, während Fink und Magier warteten, doch schließlich waren alle Sehnen aufgeknotet.

»Zieh die Jacke aus!«, befahl Magier. Linke Hand begann vorsichtig, die Jacke über Schultern und Arme zu schieben, während Magier sich wieder der steinernen Schüssel mit der brodelnden Masse zuwandte. Er lockerte seine Hände, ließ den Kopf in den Nacken sinken und schloss die Augen. Unablässig murmelnd streckte er beide Hände aus, ergriff die Schale und hob sie aus der Glut. Dann setzte er sie in den Schnee, wo sie wie im Protest zu zischen und zu dampfen begann. Magier leckte seine Finger ab und presste sie flach in den Schnee.

Mittlerweile war es Linke Hand gelungen, die Jacke abzustreifen. Aufrecht, fast nackt stand er vor dem Feuer. Alle seine Wunden, die verheilten wie die erst halb verheilten, lagen offen im Sonnenlicht. Sein Gesicht war unbewegt wie ein Stein.

Magier lächelte. Es war dasselbe warme Lächeln wie bei Strahlende Sonne. Wie bei ihr verriet es Freundlichkeit. Aber anders als Strahlende Sonne besaß Magier auch Wissen. Er hatte nicht nur den Wunsch, Linke Hand zu helfen; er wusste auch, wie das möglich war. »Lass es abkühlen«, sagte er und wies auf die graue Masse, die noch immer leise in der steinernen Schale blubberte.

»Was ist das?«, fragte Linke Hand zwischen ängstlich zusammengepressten Lippen hindurch und die Worte klangen hart.

»Nichts weiter als Fett. Du hast gesehen, wie ich es in die Schale getan habe. Nichts als ein Klumpen Rentierfett. Bärenfett wäre noch besser, aber das haben wir nicht.« Linke Hand sah unsicher auf das heiße, flüssige Zeug. Nie zuvor hatte er Fett in diesem Zustand gesehen. Strahlende Sonne schleppte auf ihrem Gepäckschlitten keine Steinschüsseln mit sich.

Versuchsweise tauchte Magier einen Finger in das Fett, zog ihn wieder heraus und leckte ihn kräftig ab. »Hiermit werden deine Wunden sauber verheilen«, sagte er, den Finger noch immer im Mund.

»Linke Hand!« Schneevogels Ruf schien von weit her zu kommen. Linke Hand sah auf das Fett und auf Magier, der fest vor ihm stand, entschlossen, etwas mit ihm zu machen, sobald das Fett abgekühlt sein würde. Linke Hand war voller Furcht und Misstrauen. Er hörte Schneevogels Stimme, blickte auf und sah, wie sie auf ihn zulief. Sie streckte ihm etwas entgegen.

»Fertig«, sagte sie, als sie ihn erreichte. Sie hielt ihm etwas vors Gesicht.

Es war seine neue Jacke. Sie roch nach nichts anderem als nach Rentier und Rauch.

Seit er ein kleiner Junge gewesen war, hatte Linke Hand kein neues, speziell für ihn angefertigtes Kleidungsstück mehr besessen. Den letzten neuen Anzug hatte seine eigene Mutter ihm genäht. Strahlende Sonne hatte ihn geflickt und geändert und später die abgetragenen Kleidungsstücke der Männer für ihn umgearbeitet, aber wenn sie neue Kleider in der Größe der Jungen nähte, dann waren sie immer für Wildfänger oder Fink gewesen.

Linke Hand streckte die Hand aus und griff zitternd nach der Jacke.

»Sie ist wunderschön«, sagte er zu Schneevogel und sah, wie ihre Augen vor Freude aufleuchteten.

»Ich habe noch ein paar bemalte Knochen«, sagte sie. »Die könnte man an den Kanten festmachen. Wenn du willst, nähe ich sie dir noch an. Aber das hier darfst du nie mehr anziehen.« Mit einem verächtlichen Fußtritt beförderte sie die alte Jacke auf die Seite.

»Schneevogel«, unterbrach sie Magier. »Du solltest dich daran machen, die Hosen zu nähen. Ein Schneesturm zieht auf und du wirst bald andere Dinge zu tun haben.«

»Ein Sturm?« Schneevogel blickte zum blauen Himmel hoch.

Linke Hand nickte. »Es ziehen schon Wolken auf.« Noch während er es sagte, schob sich wieder eine Wolke vor die Sonne und bedeckte die Welt mit einem grauen Schatten.

»Dann beeile ich mich mit deinen Hosen«, sagte Schneevogel. »Heute Abend hast du sie.« Sie warf Linke Hand die neue Jacke in die Arme und sauste davon.

»Jetzt«, sagte Magier und tauchte seine Hände in das warme Fett. Linke Hand reichte Fink die neue Jacke.

»Halt mal«, sagte er und stand ganz still, während er Magier zusah, der sich mit seinen fettglänzenden Händen den Wunden näherte.

»Keine Angst«, murmelte Magier. »Es fühlt sich nur warm an.« Mit festen, schnellen Bewegungen strich er das Fett über die Wunden und die dunkelroten Narben. »Atme tief ein«, wies er ihn an. »Wenn es irgendwo wehtut, lass ganz locker.« Linke Hand gehorchte. Er atmete ruhig, wie im Schlaf, und entspannte seine verkrampften Muskeln. Während das Licht der Sonne langsam verblasste, ließ auch der Schmerz nach.

3

Gegen Abend fielen die ersten Schneeflocken aus dem immer grauer werdenden Himmel. Fink warf den Kopf weit zurück und starrte in die Flocken, bis es ihm vorkam, als bestürmten sie ihn aus einem tiefen, grauen Abgrund. Er schwankte und taumelte, und fast fürchtete er, in diese kalte Tiefe zu stürzen. Die Schneeflocken wirbelten um ihn her, immer größer und dunkler wurden sie, während sie in Kreisen auf ihn zuflogen, sein Gesicht berührten und ihm in den Mund flogen.

Er hörte ein Kichern in der Nähe, verschluckte eine Schneeflocke und warf den Kopf hoch. Alles kam wieder an seinen Platz – der Himmel nach oben, die Erde nach unten. Neben ihm wippte Schneevogel auf den Zehenspitzen, den Kopf zurückgelegt und den Mund offen, sich hierhin und dorthin drehend, um die Flocken mit der Zunge einzufangen.

Linke Hand sah ihr mit schweigender Missbilligung zu. Hatte sie nichts Besseres zu tun, als Schneeflocken hinterherzujagen? Vielleicht versuchte gerade in diesem Moment ein Schneehase, sich aus einer der Fallen zwischen den Weiden zu befreien. Auf einmal drang ein anderes, lauteres Kichern an sein Ohr.

Beklommen drehte Linke Hand sich um. Er traute seinen Augen nicht.

Mit ausgestreckten Armen, den Kopf in den Nacken gelegt, stand schwankend Magier vor ihm. Er hielt den Mund weit offen und Schneeflocken fielen hinein. So dicht fiel der Schnee inzwischen, dass er den Flocken nicht einmal mehr nachjagen musste.

Linke Hand konnte sich nicht vorstellen, dass sein Vater oder Bisonhorn wie Kinder spielten. Diese Menschen hier hatten einfach keine Würde. Während er ihren Albernheiten zusah, fühlte er sich durch mehr als nur die Entfernung von seinen Leuten und seinem gewohnten Leben abgeschnitten.

Er selbst würde der Erwachsene in der Gruppe sein, beschloss er. Er würde allein zu den Fallen gehen.

Er machte sich auf den Weg. Er ging bedächtig, nicht so sehr, weil ihm das Gehen wehtat, sondern eher aus Gewohnheit. Sein neuer Anzug war weich und sauber und fühlte sich angenehm an. Beinahe anmutig entfernte er sich, doch Magier rief ihm nach: »Wohin gehst du, Linke Hand?«

»Zu den Fallen«, rief Linke Hand ihm über die Schulter zu.

Schneevogel schnappte nach Luft. »Allein?«

»Warum nicht?«

»Bleib stehen!«, rief Magier. Linke Hand hielt an. Die albernen Momente des Magiers machten seine Autorität nur noch eindringlicher, wenn er beschloss, sie einzusetzen.

»Dafür ist keine Zeit mehr«, fügte er leise hinzu. Linke Hand wandte sich um und sah den Magier an. So dicht schneite es jetzt, dass er die anderen kaum noch erkennen konnte. Sie waren nur noch graue Umrisse in einem weißen Wirbel.

»Die Fallen werden warten müssen«, sagte Magier. »Jetzt ziehen wir erst einmal um.«

»Ins Felsenzelt?«, fragte Schneevogel.

»Genau. Das ist der geeignete Ort bei einem Schneesturm. Pack du das Fleisch und das Feuerholz zusammen. Ich trage das Feuer. Die Zelte können hier bleiben.«

Eilig rannte Schneevogel auf die Zelte zu, die sich verschwommen abzeichneten. Fink folgte ihr auf den Fersen. Linke Hand, der Magiers Blick auf sich spürte, folgte ihnen. Das Packen der Schlitten gehörte nicht zu seinen Aufgaben – aber andererseits, was waren denn seine Aufgaben? Er könnte sich ebenso gut nützlich machen. Er erreichte Magiers Zelt, gerade als Schneevogel herausgekrochen kam. Sie hielt drei kleine gefrorene Tierkörper an sich gepresst.

So, wie sie sie hielt, erinnerten sie ihn an … ja, an Säuglinge. Plötzlich verdunkelte sich seine Welt. Es war ihm, als sähe er ein Ungeheuer sich aus dem Zelt erheben, ein Ungeheuer, das Leid und Tod mit sich brachte. Die steifen, ausgestreckten Beine der Hasen ließen ihn an die dünnen Beine von Säuglingen denken, die kleinen Münder standen offen, als suchten sie nach etwas. Erbarmungslos grinste ein Gesicht ihn über die kleinen Leichname hinweg an.

»Hol du das Holz«, hörte er Schneevogel sagen.

Linke Hand zwinkerte einmal und die Vision verflog. Die Welt war wieder die alte. Was er dort zum Schlitten gehen sah, war kein Ungeheuer, sondern ein hübsches, tüchtiges Mädchen, das dabei war, das Fleisch für seine Familie zusammenzupacken.

Gewöhnlich waren seine Visionen so flüchtig, dass Linke Hand ihrer kaum gewahr wurde. An diese aber würde er sich erinnern. Während er ins Zelt kroch, schimpfte er mit sich selbst. »Das ist es, was mit mir nicht stimmt! Wildfänger sieht nie solche Sachen.«

Er tastete im Dunkeln zwischen Steinschalen, aufgefädelten Zähnen und Knochenwerkzeugen umher, bis er die verstreuten Äste und Zweige fand. Diese Arbeit war entschieden unwürdig, doch gehorsam warf Linke Hand die Stöckchen aus dem Zelt, wo Fink stand und wartete. Vieles war anders bei Magier, manches sogar lächerlich, aber nach und nach gewöhnte Linke Hand sich daran.

Er kroch aus dem Zelt hinaus und sah, dass die anderen bereits im Aufbruch waren, fast seinen Blicken entzogen.

Ein weiß gesprenkelter roter Lichtschein weit vorn war Magiers Fackel. Schneevogel zog den voll beladenen Schlitten, der plötzlich noch schwerer wurde, als Fink von hinten angerannt kam und sich mit seinem ganzen Gewicht darauf warf. »Uff!«, stöhnte sie. »Hilf mir, Linke Hand!«

»Er muss sich ja wohl nicht ziehen lassen«, schimpfte Linke Hand. Trotzdem half er ihr, indem er seine Hand neben ihre auf das Seil legte.

»Ist es weit bis zu diesem Felsenzelt?«

»Es ist auf der anderen Seite des Flusses, im Berg.«

»Wirst du es finden?« Sie konnten mit der rasch vorankommenden Fackel nicht mehr Schritt halten.

»Ich war schon mal dort.«

Danach zogen sie den Schlitten schweigend, den Blick auf die Erde gerichtet, weil der fliegende Schnee ihnen sonst in die Augen stach. Dann ging es in einem Rutsch die Uferböschung hinunter und aufs Eis hinaus, wo sie immer auf den weichen Neuschnee traten. Das Licht der Fackel bewegte sich schon weit draußen auf dem Fluss und war in dem Schneesturm kaum noch zu erkennen. Der Schlitten schwankte und brach hinter ihnen aus und Fink lachte vor Vergnügen. Als Linke Hand einmal einen kurzen Blick hinter sich warf, sah er den kleinen Bruder aufrecht auf dem Schlitten sitzen, den Mund weit offen, die Augen zusammengekniffen.

Am gegenüberliegenden Ufer blieben sie erst einmal stehen. Linke Hand sagte warnend: »Fink, du musst absteigen.«

»Baaah«, maulte Fink.

Linke Hand packte den Schlitten, kippte ihn und warf Fink ab. Seufzend sammelte Schneevogel das Gepäck wieder ein und Linke Hand stieg die Böschung hinauf. Als er mit dem Schlitten oben stand, sah er nichts als endlose Weite. Die Fackel war verschwunden.

»Wohin jetzt?«, fragte er, als Schneevogel und Fink den Schlitten wieder beluden.

»Ich zeig euch den Weg.« Schneevogel ging voran, vornübergebeugt gegen den Sturm. Linke Hand legte das Seil in Finks kleine Hand. Zusammen zogen sie den Schlitten und folgten Schneevogels Spur.

»Was das wohl sein mag – ein Felsenzelt?«, fragte sich Fink laut.

»Ein Zelt, das aus einem Felsen besteht«, erklärte ihm Linke Hand.

»Passen wir da alle hinein? Wie kann man aus Stein ein Zelt machen?«

»Fink, ich weiß es nicht. Frag nicht so viel und zieh einfach!«

Sie stolperten weiter, auch wenn sie in dem dichten Schneetreiben und der hereinbrechenden Nacht nicht viel sehen konnten.

»Wir sind da«, sagte Schneevogel und blieb stehen.

Sie waren unmittelbar am Fuß des Berghanges angekommen. Direkt vor ihren Füßen erstreckte sich ein überdachter, kahler Streifen Erde. Dort hockte Magier neben seiner ruhig brennenden Fackel. Kein Schnee drang hier herein.

Linke Hand sah an der Felswand hoch, die sich hinter Magier erhob. In etwa der Höhe von drei Männern übereinander war ein Vorsprung, der so weit herausragte, dass er über dem nackten Boden so etwas wie ein Zeltdach bildete. Als Linke Hand den Kopf in den Nacken sinken ließ, sah er, dass der Fels über ihren Köpfen einen weiten Bogen formte, der schließlich in einer schroffen Kante abbrach. Hier prallten die Schneeflocken auf und sprangen noch einmal hoch, bevor sie zur Erde trieben und die Schneewehe bildeten, in der Linke Hand jetzt stand.

Er trat aus dem Schnee hinaus und unter das Felsdach, den Schlitten mit einem Ruck hinter sich herziehend. Das also war das Felsenzelt. Nach außen hin offen, wölbte es sich über ihnen und schloss so den Himmel und die hereinbrechende Kälte aus.

Glücklich atmete Linke Hand auf. Er schob seine Kapuze zurück und sah sich um. Jetzt konnte er schon besser sehen. Die Dunkelheit hinderte ihn noch daran, die anderen deutlich zu erkennen, die geschäftig hin und her liefen, doch Schneevogel war bereits eifrig dabei, das Dunkel zu vertreiben. Sie hockte im hintersten Winkel ihres Schutzraums, wo sie ein winziges Zelt aus Zweigen baute. Magier hielt seine Fackel unter die Zweige und beugte sich dann leise pfeifend und sich die Hände reibend über Schneevogel. Eine kleine Flamme loderte auf und warf Magiers Schatten auf die Felswand.

»Ooooh!«, schrie Fink auf und zeigte auf die Wand. »Seht nur, das Pony.«

Bevor Linke Hand noch sehen konnte, worauf Fink gezeigt hatte, war die Flamme schon wieder klein.

»Ach ja«, kicherte der alte Mann, »stimmt, die Ponys.«

Wieder flackerte das zarte Flämmchen und wuchs über das Zelt aus Zweigen hinaus. Ein matter Schein erwärmte die Wand und ein Pony stand stolz hinter dem Kopf des Magiers.

Da es vollkommen unbeweglich war, erkannte Linke Hand gleich, dass es sich um Magie handelte. Es war ebenso groß wie ein lebendiges Pony und stand da mit hochgerecktem Kopf, zottiger Mähne und einem im unhörbaren Wind flatternden Schwanz.

Ohne zu zögern, ging Linke Hand zu ihm hinüber. Er fühlte sich von ihm angezogen wie von etwas, das er gut kannte und liebte, gleichzeitig aber auch ein wenig fürchtete. Der lang gestreckte, hoffentlich gut genährte Körper des Ponys bestand aus rotem Ocker, der auf die Felswand gerieben worden war. Die zierlichen schwarzen Hufe, die über dem Boden schwebten, waren mit Ruß gemalt. Linke Hand dachte an all die magischen Tiere, die er selbst geschaffen hatte. Er hatte sie in Lehm gezeichnet, in Sand oder in Schnee, und der erste Regen hatte sie stets ausgelöscht, als hätte es sie nie gegeben. Warum war es ihm nie eingefallen, Farbe zu benutzen und auf harten Fels zu zeichnen?

Aufgeregt und ehrfürchtig untersuchte er das Pony genau. Magier beobachtete ihn.

»Dieser Zauber ist tot«, sagte der Alte schließlich. »Er war einmal gut, aber das ist lange her. In diesem Tal ist kein Pony mehr gesichtet worden, seit ich so klein war wie Fink.«

Fink entfuhr ein krächzender Laut, der sein ungläubiges Staunen verriet. In den weit offenen Augen, mit denen er Magier anstarrte, waren seine Gedanken deutlich zu lesen. Diese verwitterte Gestalt mit dem dünnen weißen Haar und den großen Lücken zwischen den Zähnen sollte einmal ein kleiner Junge gewesen sein, so wie er? Das war doch wohl nicht möglich!

»O doch«, beharrte Magier und lächelte Fink an. »Zuerst sind wir alle klein. Und nicht alle werden so alt wie ich.« Mit tiefer Zufriedenheit blickte er an sich hinunter. »O nein, nicht viele werden so alt wie ich, aber alle fangen wir klein an.«

Die scharfen, alten Augen wanderten von Finks Gesicht zu Linke Hand hinüber, der noch immer die Zeichnung betrachtete, und dann zu Schneevogel, die weiterhin um ihr Feuer bemüht war. »Als ich klein war, habe ich viele Nächte hier geschlafen. Meine Mutter machte ihr Feuer an derselben Stelle, wo heute unser Feuer ist.«

»Gab es dieses Pony damals auch schon?«, fragte Linke Hand nachdenklich. Er wagte es jetzt, die Keule des Tiers zu berühren, die auf ein vorstehendes Felsstück gezeichnet war. Es warf genau den richtigen Schatten auf den Bauch.

»Das rote Pony ja, das war schon hier, als wir kamen. Das andere hat mein Vater gemacht.«

Magier zeigte mit der Hand nach links. Linke Hand fuhr hoch und blickte in die Dunkelheit. Am Rand des Feuerscheins waren eben noch die Augen, Nüstern und Ohren eines schwarzen Ponys zu erkennen, das dem roten gegenüberstand.

»Hast du zugeschaut, als er es gemacht hat?« Linke Hand riss seinen Blick von den Zeichnungen los und sah Magier mit plötzlich erwachender Hoffnung an. Wenn Magier wusste, wie ...

»Ja, ich war dabei. Frauen und Kinder durften nicht zuschauen, nur die Jäger. Aber ich war noch so klein, dass es nicht darauf ankam, oder vielleicht hat er mich auch nicht bemerkt. Andererseits mag das auch der Grund gewesen sein, weswegen der Zauber nicht gewirkt hat.«

»Der Zauber hat nicht gewirkt?«

»Die Pferde sind nie gekommen.«

Linke Hand konnte es kaum glauben. Die Tiere wirkten auf so wunderbare Weise lebendig.

»Warum?«

»Nun«, knurrte Magier zögernd, »vielleicht war es, weil ich zugesehen habe. Vielleicht lag es aber auch an diesem Ort. Sieh mal«, sagte er und machte eine Handbewegung zum Tal hin, »er liegt völlig ungeschützt. Jeder kann ihn sehen. Zu viele Augen schwächen einen Zauber. Und außerdem ist da noch der Wind. Hier fällt zwar niemals Schnee und auch kein Regen, aber der Wind weht herein. Mag sein, dass der Wind den Zauber fortgeweht hat.« Die drei folgten seiner Hand mit den Augen und sahen die kalte Leere da draußen, nur einen Schritt von ihnen entfernt, sahen die Schneeflocken, die aufleuchteten, wenn sie vor dem Feuerschein vorbeiflogen. Alle vier hockten sich nun so nahe wie möglich an das kleine Feuer, das mittlerweile unterhalb der Hufe des roten Ponys knackte und knisterte.

»Der Zauber flog also davon.« Linke Hand drängte Magier weiterzuerzählen. »Und was habt ihr da gemacht?«

Magier schauderte. Er zitterte, als wäre die Kälte von draußen durch seine Rentierkleidung hindurchgedrungen und hätte seinen Körper ergriffen. Doch Linke Hand wusste, dass die Kälte von innen kam.

»Wir haben Hunger gelitten. Meine Mutter wusste, wie man Fallen stellt für Hasen, aber es gab keine. Jeden Tag gingen wir zusammen hinaus, sie und ich, um Fallen zu stellen, aber wir fanden keine geeigneten Stellen, weil es nirgendwo Spuren gab.«

»Aber was habt ihr dann gemacht?«

»Wir haben die Schlingen einfach irgendwo befestigt und gehofft, dass ein Hase eine finden würde.«

Schneevogel schüttelte den Kopf. »Das geschah aber nicht.«

»Nein. Mcin Vater und seine zwei Freunde gingen jeden Tag auf die Jagd. Manchmal fingen sie eine Ratte und davon haben wir dann gelebt.«

Über das Feuer hinweg sah Linke Hand Magier ins Gesicht. Dunkle Schatten lagen darauf, die Wangen waren eingefallen und die Augen blickten nach innen, auf eine schreckliche Erinnerung. Jedes Fünkchen guter Laune in seinem Gesicht war ausgelöscht und noch immer zitterte der alte Mann.

»Das war der erste Winter, in dem die Ponys nicht kamen. Sie kamen nie wieder. In jenem Winter kamen nicht einmal die Rentiere. Eines Morgens war es bitterkalt. Der Schnee fiel so dicht, dass man nicht sehen konnte, wohin man ging – so wie jetzt. Weißt du, Linke Hand, dies ist nicht die richtige Zeit für die Jagd. Wenn es Tiere gibt, sieht man sie ohnehin nicht. Man sieht auch ihre Spuren nicht, weil der Schnee sie zudeckt. Würdest du nicht auch sagen, dass man in dieser Jahreszeit am besten am Feuer sitzen und Speerspitzen schnitzen sollte?«

Linke Hand nickte. Er fürchtete sich vor dem Ausdruck in Magiers Augen – ein gefährlicher Geist lauerte dahinter. Andererseits wollte er gern wissen, wie die Geschichte endete. Immerhin war Magier hier bei ihnen. Irgendwie hatte er überlebt, so dass er heute Nacht in diesem Felsenzelt sitzen und sich erinnern konnte. Wie hatte er das geschafft? Oder besser gesagt, wie hatte sein Vater das geschafft?

»Mein Vater und seine Freunde gingen auf die Jagd. Sie begaben sich flussabwärts auf die Suche nach Ebern. Seit dem Sommer hatte es in der Gegend keine Eber gegeben. Auch an jenem Tag fanden sie keinen. So kehrten sie zu den Felshängen zurück und schauten nach Hasen aus. Falls tatsächlich welche durch den Schnee hoppelten, so sahen sie sie nicht. Wisst ihr, wie müde man sein kann, wenn man furchtbar hungrig ist?«

Drei junge Köpfe nickten, ohne zu zögern.

»Sie wollten gerade zu uns zurückkehren und am Feuer ausruhen, als mein Vater plötzlich etwas roch ...« Magier machte eine Pause, schnupperte und blickte seine gespannten Zuhörer nacheinander an. »Er roch ... Holzfeuer!«

»›Aaah!‹, sagte mein Vater. ›Es sind Menschen in der Nähe. Vielleicht haben sie Fleisch.‹«

Magier sprach nicht weiter. Er stierte ins Feuer und zitterte wieder, und Schneevogel musste erst sanft, aber nachdrücklich nachfragen: »Und dann?«

Auch Fink drängte eifrig mit seiner piepsigen Stimme: »Was passierte dann?«

»Sie folgten der Spur des Rauchs und nach kurzer Zeit stießen sie auf ein Feuer. Dort unten.« Er zeigte vage nach Süden. »Ein Mann hockte dort ganz allein an einem Feuer. Er blickte auf, als er Stimmen hörte. Es war ein Mann, den sie nicht kannten.«

Unvermittelt hörte Magier auf zu zittern. Er hob den Kopf, als sähe er Fremde sich nähern, und Linke Hand wusste, dass er ihnen die Geschichte vorspielte, so wie sein Vater sie ihm einst an genau diesem Ort vorgespielt hatte.

»Sie hatten ihn nie bei ihren Tänzen getroffen, müsst ihr wissen. Sie hatten überhaupt niemals und nirgendwo jemanden getroffen, der so war wie er. Er war klein« – Magier kauerte sich zusammen, um ihnen zu zeigen, wie klein – »und sein Kopf hing so tief hinunter.« Er presste das Kinn gegen die Brust. »Seine Schultern waren breiter als alles andere an ihm.« Magier dehnte seine Schultern und zuckte heftig damit.

»Er starrte sie so an« – das Gesicht des Alten nahm einen schwerfälligen, blöden Ausdruck an – »und sagte etwas wie

Aggarrmkk.« Fink kicherte nervös, aber in Magiers sich erinnernden Augen spiegelte sich das Vergnügen nicht wider.

»Er war am ganzen Körper stark behaart, wie ein Bär. Dass er ein Mensch war, erkannten sie überhaupt nur daran, dass er an einem Feuer saß. Also gut, mein Vater trat auf ihn zu und fragte ihn, ob er ein bisschen Fleisch habe. Sie wussten, dass er welches hatte; es roch nach geröstetem Fleisch und der Geruch machte sie wahnsinnig. Da stand dieser Mensch oder was es nun war auf« – Magier erhob sich langsam, bis er auf allen vieren hockte –, »ergriff einen Speer und schleuderte ihn auf meinen Vater.« Magier zielte mit einem unsichtbaren Speer auf Linke Hand.

»Jene Speerspitze besitze ich noch. Ich habe sie in meinem Zelt. Ich benutze sie, um ... Nun gut, er zielte also mit dem Speer auf meinen Vater. Der Speer streifte ein Bein, riss aber nur das Rentierfell auf. Dann stürmte dieses Mann-Wesen davon und sie vergaßen ihn. Sie traten ans Feuer und aßen das Fleisch. Es war Ratte, nur eine kleine Ratte, und sie wurden noch hungriger davon. Ihr wisst, wie das ist.« Drei Köpfe hoben sich und nickten verstehend.

»Und dann fielen wir ihnen wieder ein, meine Mutter und ich und die übrigen Frauen, alle, die wir hier im Felsenzelt zurückgeblieben waren. Was sollten sie uns mitbringen? Die Ratte hatten sie aufgegessen. Also beschlossen sie, den Mann zu jagen.«

Magier schritt mit steifen Schritten ums Feuer herum, blickte vorsichtig nach links und nach rechts und schwang seinen unsichtbaren Speer.

»Vater ging an den Felshängen entlang. Mit einer Hand tastete er sich am Berg entlang, um nicht vom Weg abzukommen. Auf einmal traf er auf das Mann-Wesen.« Magier ließ sich auf die Knie fallen und kroch an Fink vorbei, der gleich zurückwich, so erschreckte ihn der Ausdruck von dumpfer Wildheit im Gesicht des Alten.

»So kroch es den Weg entlang, wie ein Tier.« Magier sprang auf. »Vater stieß zu – so« – er hieb heftig auf den Boden –, »und dann rief er die anderen.« Magier entspannte sich. »Gemeinsam trugen sie ihn hierher.«

Magier blickte hinaus in die Nacht. Seine Augen waren weit aufgerissen und leer, so wie sie es wohl an jenem Tag gewesen waren, als er zugesehen hatte, wie die ungewöhnliche Prozession aus dem Sturm hereingestolpert kam. Langsam wurde er wieder er selbst. Sein Gesicht hellte sich auf, Lachfältchen erschienen in den freundlichen Zügen und er kehrte zu den anderen ans Feuer zurück.

Schneevogel holte tief Luft und fragte: »Und was habt ihr dann gemacht?«

»Was wir gemacht haben? Wir haben ihn gegessen.«

»Ihr habt ihn gegessen?«

»Natürlich.« Trotzig sah der Alte Schneevogel an. »Warum nicht?«

Linke Hand war sehr erleichtert, als er wieder den gewohnten, sanften Ausdruck in Magiers Gesicht sah. Er fragte sich, was es wohl auf sich hatte mit diesem weit zurückliegenden Akt, als ein kleiner, haariger Mann gegessen wurde. Ob darin die Wurzel der magischen Fähigkeiten des Alten lag? Vielleicht hatte der Haarige Zauberkräfte besessen, die Magier als Kind in sich aufgenommen hatte.

Endlich, nachdem er lange mit sich gerungen hatte, stellte Linke Hand diese Frage.

»Ist das der Grund, weswegen du … weswegen du ein … ein Magier bist?«

»Weswegen ich was …? Ah, ich verstehe. Du meinst, es ist nicht gerade das, was alle tun, stimmt's? Übrigens glaube ich, dass das schon mehr Leute getan haben, nur reden sie nicht darüber. – Nein, die Magie, die hat andere Gründe. Sie kam später, viel später. Damals war es Sommer, ein heißer, strahlender Sommer. Auf den Trockengestellen hingen Fleisch und Fische, viele Familien hatten ihre Zelte am Fluss aufgeschlagen.«

Linke Hand vergaß die Kälte und die Dunkelheit. Er lauschte aufmerksam, und seine Gedanken folgten den Worten und Gesten des Erzählers, die ihn wegführten vom Winter, weg von diesem Felsenzelt, hin zu einem Sommer in ferner Vergangenheit.

Er sah den sommerlichen Fluss, breit und langsam floss er dahin, und dicke, freundliche Wolken an einem blauen Himmel spiegelten sich darin. Er sah das Gewimmel des am Ufer errichteten Zeltlagers mit seinen rauchenden Feuern, dem Stimmengewirr und dem leichten Lachen. Kinder tollten durch das Lager. Eines von ihnen war Magier als kleiner Junge.

»Eines Morgens war ein Mädchen, mit dem ich befreundet war, auf einmal krank.« Magier erzählte, wie das Kind hinten im Zelt seiner Mutter gelegen hatte, das schmale Gesicht vom Licht weggedreht. Sie stöhnte und erbrach sich, während ihre Freunde neugierig und verwirrt um sie herumsaßen. Dann betrat die Mutter das Zelt und verteilte Ohrfeigen nach rechts und nach links, und der Junge, der einmal der Magier werden sollte, rannte mit den anderen davon in den strahlenden, summenden Morgen.

Die Kinder wateten im flachen Wasser eines Seitenarms des Flusses. Sie fingen Elritzen mit der bloßen Hand, sie bauten sich Zelte aus Zweigen am Ufer und formten kleine Menschen aus Lehm, die in den Zelten wohnten. Im Schatten der Weiden verschliefen sie die Mittagshitze. Abends zogen sie langsam und auf Umwegen nach Hause, aber es gab kein Abendessen – die Feuerstelle war kalt.

Alle Mütter saßen wie in einem Knoten dicht beieinander und redeten. In der Mitte des Knotens befand sich das Zelt, in dem das kranke Mädchen lag. Die Kinder waren hungrig und verwirrt. Sie erinnerten sich, dass ein Kind krank gewesen war, aber der Morgen schien weit entfernt. Etwas war geschehen, das sie nicht verstehen konnten. Dann kamen die Väter; sie hatten die Masken aufgesetzt, die sie bei ihren magischen Zusammenkünften trugen, und Magiers Vater schlug die mit Schweinehaut bezogene Trommel.

Die halbe Nacht lang tanzten die Männer. Die Frauen sprachen auf eigentümlich stille Weise, und die Kinder standen dabei, sahen zu und kauten an Stückchen von geräuchertem Fisch und Resten vom gestrigen Abendessen.

Der Feuerschein verlängerte die Schatten der Hörner und

Geweihe auf der Zeltwand. Nach und nach gerieten die Männer in Trance und öffneten ihre Seelen, bis die Kinder die eigenen Väter nicht mehr von denen ihrer Freunde unterscheiden konnten. Es war ein guter, starker Zauber und doch versagte er. Als der Mond aufging, schlug die Trommel langsamer, und sie verstummte ganz, als die Frauen das Zelt über dem kleinen toten Mädchen zusammenlegten und der Vater des Kindes das Bündel davontrug.

Der Nächste«, fuhr Magier fort, »war ein Junge, mein bester Freund. Nachmittags hatten wir noch zusammen mit Speeren auf Frösche gezielt. Am nächsten Morgen konnte er nicht mehr aufstehen.

Während der Sommer langsam zu Ende ging, erkrankte ein Kind nach dem anderen. Sie krochen in die Zelte ihrer Mütter, um sich vor dem Licht zu schützen. Bald darauf begannen sie zu zittern und zu erbrechen; oft starben sie. Nachts schliefen die Kinder beim Klang der Trommel ein, während die streichelnden Hände der Mütter ihnen noch die Wangen wärmten. Immer waren die Mütter um die Kinder herum, besorgt und ungewöhnlich sanft.

Eines Nachts zelebrierte Magiers Vater einen letzten, herzzerreißenden Auftritt. Er trug eine ganz besondere Maske, den Kopf eines Ebers, dem er ein Geweih aufgesetzt hatte. Damit hüpfte und sprang er um ein krankes Kind herum, das von seiner Mutter hinaus ans Feuer gebracht worden war. Er schrie, er knurrte und fauchte, er quiekte und wieherte und die Männer schlossen sich ihm an und fügten ihre Geräusche den seinen hinzu. Jetzt musste das Böse doch zögern. Jetzt musste es sich doch furchtsam zurückziehen und sie in Ruhe lassen.

Am Morgen beratschlagten die erschöpften Männer neben dem toten Kind. Das Böse hatte sich nicht erschrecken lassen. Es war zu stark für sie. Magiers Vater riet dazu, getrennte Wege zu gehen. Dann müsste das Böse sich entscheiden, welchem Opfer es folgen wollte. Die anderen würden entkommen.

Die Männer stolperten zu ihren Zelten und gaben Anweisungen. Die Frauen legten die Zelte zusammen, bündelten ihr Hab und Gut und luden es sich auf den Rücken. Dann brachen sie auf, jede Familie für sich.

Magier und seine Familie kamen an den Tümpeln mit dem stehenden Wasser vorbei, wo er und seine Freunde gespielt hatten. Die kleinen Zelte aus Zweigen brachen bereits zusammen, die Lehmfiguren waren nichts weiter mehr als feuchte, formlose Klumpen zwischen abgenagten Knochen und zerbrochenen kleinen Speeren.

Dann«, schloss Magier, »als wir allein waren, jagte das Böse mir nach.«

»*Du* wurdest ebenso krank wie die anderen?« Schneevogel hatte diese Geschichte noch nie gehört.

Der Alte nickte.

»Aber du bist nicht daran gestorben!«

»Nein, mein Vater hat das Böse verjagt. Er setzte seine Ebermaske auf und tanzte ganz allein und das Böse ließ von mir ab und ging davon.«

Seine Zuhörer seufzten tief.

»Aber es hat ein Zeichen hinterlassen, dort, wo es mich gebissen hat.« Magier hob beide Arme über den Kopf. Sein Umhang fiel herab und zwei nackte Arme reckten sich ins Licht des Feuers – der eine gerundet, der andere wie ein verkrüppelter Ast. Mit dem einen Stiefel zog er den anderen aus, dann hielt er den welken, verkümmerten Fuß ans Feuer.

Einen nach dem anderen sah Magier sie an, um sicher zu sein, ob sie ihn auch verstanden. Dann ließ er die Arme sinken und zog den Stiefel wieder an. Der Sommer verließ das Felsenzelt. Wieder saßen sie dicht aneinander gedrängt um ein winziges Feuer herum, während sich nur einen Schritt von ihnen entfernt in schwärzester Finsternis der Schnee aufhäufte.

»Das heißt«, fragte Linke Hand weiter, der Gewissheit suchte, »du hast gesehen, was Magie bewirken kann, und du wolltest es selbst können?«

»Das auch, ja, aber das war nicht alles. Was für ein Jäger wäre aus mir schon geworden? Kannst du dir vorstellen, wie ich auf diesen Beinen Rentieren nachjage oder mit diesen Armen Speere schleudere?« Das eingefallene alte Gesicht verzog sich zu einem breiten Lachen. Die spärlichen Zähne glänzten, die Augen wurden zu schmalen Schlitzen. Die jungen Leute warfen einander Blicke zu und lachten unsicher.

»Leg das Fleisch ins Feuer«, wies Magier Schneevogel an. »Heute Nacht brauchen wir mehr als Geschichten aus der alten Zeit, um uns zu wärmen.«

Schneevogel griff hinter sich, ergriff zwei gefrorene Tierkörper und schob sie in die Glut. Sie warf einen langen Blick auf ihren Vater, der schweigend dasaß und sich erinnerte.

Auch Linke Hand saß still da, sog schnuppernd den Duft des Fleisches ein, das gerade im Feuer briet, und freute sich über seine warmen Füße. Er dachte an die Geschichte des Magiers und betrachtete sie noch einmal im Licht aller ihm zur Verfügung stehenden geistigen Klarheit. »Wir haben ihn gegessen«, hörte er wieder die Stimme des Magiers in seinem Kopf. »*Warum auch nicht?*«

Linke Hand zitterte, wie der Alte gezittert hatte. Nach und nach sah er die Erzählung des Magiers in einem anderen Licht. So wie eine Speerspitze anders aussah, ob man sie im warmen Schein des Feuers betrachtete oder bei Tag, so veränderte sich auch die Geschichte des Magiers in diesem neuen Licht: Ein seltsames, kaltes Funkeln ging von ihr aus. Es gab eine Antwort auf dieses *Warum auch nicht*. Linke Hand spürte, dass es sie gab, und er vermutete, dass auch Magier es spürte. Warum sonst hätte er gezittert, warum sonst hätte er seine Augen so weit aufgerissen, als er sich erinnerte?

Eine Antwort auf dieses *Warum auch nicht* schlummerte im Herzen der Menschheit. Sie war da, aber sie schlief so tief, dass keiner der vier, die hier im Felsenzelt Schutz gesucht hatten, sie aufwecken konnte.

Der Berg

1

»Komm nur herein«, sagte der Alte. »Komm herunter zu mir!« Er kicherte. Magier hockte in einer Felsenhöhle, hinter ihm herrschte völlige Dunkelheit. Sein runzliges Gesicht hob sich Linke Hand entgegen.

Das grelle Licht der Wintersonne prallte an dem grauweißen Felsen ab und ein kalter Wind schlug Linke Hand ins Gesicht. Er hörte, wie der Wind durch die Flammen der zwei Kiefernfackeln pfiff, die Schneevogel in den Händen hielt. Sie stand dicht hinter ihm auf dem Gebirgspfad. Er hörte ihren raschen Atem und fühlte ihre Schulter an seiner.

»Geh!«, flüsterte sie.

Wenn er den Zauber finden wollte, musste er in dieses dunkle Loch kriechen, die Sonne hinter sich lassen. Noch ein Moment des Zögerns und Magier würde ihn aufgeben – die Gelegenheit wäre verpasst. Es war wie beim Speerwerfen: entweder jetzt oder nie. Linke Hand holte tief Luft, stützte sich mit beiden Händen ab und schwang sich mit den Füßen hinunter in die Dunkelheit.

Mit einem leisen Lachen hielt Magier ihm seine runzlige Hand hin. Schneevogel beugte sich über den Rand und reichte eine Fackel hinunter. Verzweifelt sah Linke Hand den blauen Himmel an, der Schneevogels Kopf umgab, ihr braunes Haar, das im Wind wehte und wie Wasser im Licht der Sonne glänzte. Sie lächelte ihn an, reichte ihm seine Fackel und flüsterte: »Geh jetzt!«

Die Fackel in seiner Hand spie und tropfte. Linke Hand umklammerte sie, wie ein Verhungernder ein Stück Fleisch festhält, und betrat die Dunkelheit. Magier war bereits tief in der Höhle. Linke Hand sah nur seine hagere Gestalt gegen das Funken sprühende rote Licht. Rasch hielt Linke Hand seine eigene Fackel in Kniehöhe, um den Lehmboden auszuleuchten, und eilte dem Magier nach.

Nach wenigen Schritten wurde der Höhlengang so eng, dass man nur noch hintereinander gehen konnte. Linke Hand zog den Kopf ein und ging in die Knie, zwängte sich zwischen Felsblöcken hindurch und kletterte über lose Gesteinsbrocken. Die Augen hielt er fest auf die huschende Gestalt und das mal hellere, mal blassere rote Licht vor ihm gerichtet. Atemlos folgte er ihr und die Angst war ihm auf den Fersen.

Einmal warf er einen Blick zurück und sah nichts als undurchdringliche Finsternis. Als er sich wieder umwandte, war das Licht vor ihm verschwunden.

Einen Augenblick lang sah er den Abglanz des Lichts auf der feuchten Lehmwand vor ihm, dann war alles schwarz. Nur seine eigene Fackel kämpfte gegen die Dunkelheit. Während er noch zögerte, loderte die Flamme auf, und heißes Wachs lief ihm über die Hand.

Er warf einen Blick auf die Fackel. Sie war bereits zur

Hälfte abgebrannt. In diesem Augenblick packte ihn die Furcht und würgte ihn. Nur eines konnte er tun: Er konnte umkehren und den Weg, den er gekommen war, wieder zurückrennen. Die Fackel mochte gerade noch bis zum Eingang reichen, zurück in den Wind und das Sonnenlicht.

Eben wollte er kehrtmachen, da klang auf einmal ein Ton durch die eisige, tiefe Stille; es war das Lachen des Alten. Irgendwo ganz in der Nähe musste dieses schrumpelige Wesen hocken und sich vor Vergnügen ausschütten.

Ein Bild nahm Gestalt an im Kopf des Jungen: Auf dem Boden der Höhle saß mit übergeschlagenen Beinen, wie ein Jäger in einem Hinterhalt, Magier. Er lachte glucksend vor sich hin, bleckte seine wenigen Zähne, während er darauf wartete, dass Linke Hand in eine vorbereitete Falle fiel. Vielleicht brannte in einer entfernteren Höhle bereits ein Feuer zum Kochen, loderten die Flammen schon heiß ... »Ich kann noch immer einiges auftun, Großer Jäger! Du würdest staunen, was ich alles esse: Hasen, Ferkel, Ratten – alles, was mir so über den Weg läuft.«

Die Wut erstickte die Angst. Linke Hand besaß keine Waffe außer der erlöschenden Fackel. Aber das machte nichts, diesen kichernden Kannibalen könnte er mit bloßen Händen erwürgen und sich dann bis zum Ausgang vorantasten.

Er ließ sich auf die Knie nieder und stützte sich mit einer Hand ab. Leise kroch er vorwärts. Auf einer Seite fand er die niedrige Öffnung, in der sein Feind verschwunden war. Ganz schmal war sie. Linke Hand schob erst die Fackel hindurch, dann seinen Kopf. Schwarz glänzte Wasser unter ihm.

Ob das die Falle war? Wenn er sich in dieses Wasser gleiten ließe, würde er dann bis zum Fuß des Berges sinken?

Er schwenkte die Fackel und versuchte, das Wasser auszuleuchten. Der Widerschein der Flamme verbreiterte sich in den leichten Wellen. Aber da waren zwei Fackeln, die im Wasser brannten!

»Komm nur«, erklang Magiers Stimme, »es geht dir nicht weiter als bis zu den Knöcheln.« Wieder war sein Kichern zu hören.

Wenn Magier auf der anderen Seite des Wassers war, dann musste es einen Weg hinüber geben. Wieder sah Linke Hand auf seine Fackel. Sie würde brennen, bis er den Feind getötet und den Weg zurück in den Gang gefunden hätte – wenn er schnell machte.

Als er sich durch die Öffnung quetschte, erblickte er Magier. Er saß tatsächlich mit übereinander geschlagenen Beinen auf dem Boden und grinste, dass die braunen Zähne zu sehen waren.

»Komm schon«, drängte er, »diese Fackeln brennen nicht ewig.«

Erneut stieg Wut in Linke Hand auf, und er wand sich vollends aus der Felsöffnung heraus, die Fackel über den Kopf haltend. Das Wasser reichte ihm wirklich nur bis zu den Knöcheln. Es spritzte auf, als er hineintrat. Er fühlte festen Grund unter den Füßen und tastete nach dem lehmigen Ufer.

Der Alte sprang auf. »Rasch«, mahnte er Linke Hand, dann eilte er durch einen neuen Gang davon.

Linke Hand rutschte aus und fiel ins Wasser. Beide Hände tauchten ein. Dunkelheit senkte sich über ihn wie eine große Felldecke, als Linke Hand die erloschene Fackel fallen ließ und blind ans Ufer stolperte. Er konnte gerade noch rechtzeitig hinaufklettern, um die gebückte Gestalt, deren Umrisse ihm das Licht der Fackel zeigte, um eine Ecke biegen zu sehen.

Linke Hand folgte ihm hastig. Er stolperte, prallte gegen Felswände. Das raue Geräusch, dessen Echo ihn umgab, war sein eigener Atem. Er sah nichts außer dem blassen, verendenden Widerschein der Fackel. Es schien ihm, als verharrte sie seinetwegen an derselben Stelle.

Keuchend rannte er weiter, um das matte Licht auf dem Fels nicht zu verlieren. Plötzlich blendete ihn helles Licht von der Seite. Er wandte sich um, sah durch ein zerklüftetes Loch in der Wand und erblickte einen goldenen Glanz.

Er zwinkerte einmal und sah wieder hin. Vor ihm stand Magier, aufrecht und mit ausgestreckten Armen. Auf beiden Handflächen balancierte er eine kleine Sonne und ihr ruhiges Licht hüllte ihn ein.

Über Magiers Schulter hinweg sah er einen brüllenden Bisonbullen sein mächtiges Haupt schütteln. Linke Hand glaubte, den Hall seines Gebrülls zu vernehmen, aber der Ton war in ihm selbst. Erschöpfung, Wut und Angst rauschten durch seinen Körper und machten grenzenloser Verwunderung Platz. Der Bulle streckte seine geschwungenen Hörner über die Felswand einem Renhirsch entgegen, der unter dem Ansturm gut gezielter Speere taumelte und zusammensackte. Er war halb verdeckt von einem Eber, der herausfordernd seine kleinen Hauer reckte. Die schwarzen Hinterläufe zeigten auf ein Pony, das mit erhobenem Kopf misstrauisch lauerte und jederzeit zur Flucht bereit schien.

Ringsum in der kleinen, kreisförmigen Höhle trabten, galoppierten oder duckten sich Tiere. Die Erde hätte erzittern, die Steinwände hätten die donnernden Hufschläge zurückwerfen müssen. Doch allein Linke Hand bebte, nur sein pochendes Herz rief ein Echo hervor. Jene Tiere lebten ihr überraschendes, ungestümes Leben auf einer anderen Ebene; in der Höhle selbst war es still, so vollkommen still, dass Linke Hand selbst das Wispern der kleinen Sonnen in seinen Ohren rauschen hörte.

»Komm herein!«, sagte Magier und er hielt Linke Hand eine der Sonnen entgegen. Es war eine kleine Steinschale, gerade so wie die in Magiers Zelt. In einem kleinen Teich aus Fett schwamm ein gedrehter Docht, und von ihm ging die sanft flackernde, sonnige Flamme aus, die die Höhle erwärmte.

»Komm nur herein«, wiederholte der Alte, und dieses Mal war seine Stimme ernst und feierlich, nicht das leiseste Kichern oder Lachen klang hindurch. »Das hier kannst du auch, Linke Hand. Großer Jäger hat es mir gesagt.«

Ja, Linke Hand wusste, dass er es konnte. Dies hier war das Einzige, was er beherrschte, dies war seine Magie. Seit seiner Kindheit hatte er sie betrieben, hatte die Beute, die sein Vater verfolgte, in Sand oder Schnee gezeichnet. Seine Hand mochte unsicher sein, wenn sie den Speer schleuderte, doch sein Auge war tadellos. Er kannte die Formen der Tiere, er liebte jede ihrer Linien. Jetzt spürte er, wie aus der dunklen Höhle seines Geistes Bilder ans Licht drängten; er sah eine Stute, die das letzte welke Gras abweidete. Deutlich sah er ihre sanften Augen, die flaumige Rundung ihrer Flanke, ihre glänzenden Hufe. Dieses Bild, das aus seinem Kopf sprudelte, konnte durch seine Hand hindurch auf den Fels strömen, konnte den Stein durchdringen und in die Wirklichkeit zurückkehren.

Die Malereien waren ein Traum der schlafenden Erde, doch Menschen konnten die Erde aufwecken und die Bilder zum Leben erwecken.

Linke Hand sah die freien Stellen auf den Felswänden, und seine Hände sehnten sich danach, sie zu füllen. Er blickte zu Magier hin, der ihm noch immer geduldig ein Licht als Geschenk hinhielt. Wusste er, dass Linke Hand ihm mit der Absicht gefolgt war, ihn zu töten?

Etwas ärgerlich lachte Linke Hand über sich selbst. Er bückte sich, um durch die zerklüftete Öffnung zu treten, und nahm das sanfte Licht entgegen.

2

Der Winter verging. Während Linke Hand von Tag zu Tag wacher und lebendiger wurde, schlief in der Tiefe der Höhle ein Wesen. Es träumte von hügeligen Wiesen im Frühling, wo bunte Blumen leuchteten, wo es nach Ameisen und Raupen roch und ein Hauch von Honig in der Luft lag. Im Traum drehte es den Kopf hin und her, schaute hierhin und dorthin und fragte sich, welchen der zahlreichen viel versprechenden Wege es einschlagen sollte. Noch immer schlief es, schob den gewaltigen Kopf noch tiefer in die warme Flanke und kratzte mit den Klauen über sein Lehmbett. Vor einer rauen Felswand, das braune Fell zerdrückt vom harten Stein, hatte es sich in völliger Dunkelheit behaglich zusammengerollt. Kein Funke Licht drang jemals an diesen Ort der Ruhe, doch der Schläfer wusste, dass die Zeit verging. Sein Herz schlug den Takt zu dieser vergehenden Zeit, sein Fett wurde weniger. Nun begann er sich leer zu fühlen, unzufrieden, und kam ganz langsam zu sich. Blasse Geister flogen durch seinen Kopf und flüsterten von Hunger. Er träumte viel, und im Traum bewegte er sich, rollte sich nochmals zusammen, kratzte über sein Lager.

Nicht weit entfernt lachte Magier entzückt. »Ich wusste es!«, schrie er. »Ich wusste es, als ich dich beim magischen Tanz sah. Ich schaute aus dem Kreis hinaus und sah dich dort kauern, wie ein aufgerolltes Blatt. Ich hab es in deinem Gesicht gesehen und ich habe zu mir selbst gesagt: Da ist einer, der mit den Augen isst.«

Er hielt eine Steinplatte ans Licht und betrachtete voller Freude die Zeichnung, die in die flache Oberfläche eingeritzt war. Sie zeigte ein junges Ren von der Seite. Den Kopf erhoben, die Ohren gespitzt, nahm es Witterung auf.

»... einer, der mit den Augen isst«, hatte Magier gesagt. Linke Hand stand neben seinem Lehrer und bemühte sich,

Haltung zu bewahren und sich nicht selbst zu umarmen oder zu lachen. Das Ren war ihm gut gelungen. Es war wirklich anwesend in all seiner unschuldigen Kraft. Hätte er es getötet und gegessen, würde er es nicht so besitzen, wie er es jetzt tat. Er wusste sehr gut, was Magier meinte. Aber er wollte es noch einmal ausgesprochen hören. Er wollte sicher sein, dass es noch einen zweiten Menschen auf der Welt gab, der dasselbe fühlte wie er.

»Du und ich«, erklärte Magier langsam und nach Worten tastend, »wir schauen ein Tier an und verzehren es mit den Augen, wie jemand ein Stück Fleisch verzehrt. Nur mit dem Unterschied, dass das Tier noch da ist, außerhalb unseres Körpers. Es bleibt es selbst, weißt du, wir bleiben wir selbst, aber wir haben es in uns. Deswegen sage ich, dass wir mit den Augen essen. Jeder tut es, glaube ich, nur dass die anderen es nicht wissen. Du und ich, wir wissen um dieses Geheimnis.«

Nun konnte Linke Hand nicht mehr anders, er umfasste sich selbst mit beiden Armen. Vor lauter Freude brach es aus ihm heraus: »Ich will dir ein Geheimnis verraten, Magier: Ich habe einen Freund, der ein Rentier ist.« Er wies auf die Zeichnung. »So sieht er aus.«

Magier schien nicht im Mindesten überrascht. Er nickte. »Ja, das habe ich gemeint.«

Ermutigt erzählte Linke Hand ihm von dem Traum, den er im Fieber gehabt hatte: von der Flucht im Mondlicht, der Suche nach der Renkuh, der Einsamkeit. Die ganze Zeit über nickte Magier.

»Ja, Linke Hand, genau das wollte ich sagen. Du lebst nicht durch deinen Bauch wie mein Enkel Wildfänger. Wildfänger ist ein ausgezeichneter Jäger, und er wird mehr Tiere erlegen, als du je zeichnen wirst. Seine Kinder werden zu essen haben. Aber niemals wird er ein junges Ren anschauen und sehen, was du gesehen hast. Für Wildfänger wird ein Ren nie mehr sein als Fleisch, Fell und Knochen. Aber du, Linke Hand, wirst durch deine Augen und dein Herz leben. Und manchmal wirst du dein Herz ausstrecken wie eine Hand und über dich hinausreichen.« Magier gab ihm die Zeichnung zurück. »Nun geh und zeichne dies auf die Wand. Mache es groß, stark. Danach werde ich dir zeigen, wie du das Bild in den Fels ritzen kannst.«

Linke Hand nahm seine Steinlampe und die Skizze. Es war ihm, als schwebte er vor Freude, als er auf die andere Seite der Felsenkammer ging. Hier wartete eine freie Stelle auf ihn, die sie gemeinsam ausgesucht hatten, ein schmales Stück Fels, eingezwängt zwischen zwei fremdartigen Tieren. Er setzte die Lampe auf dem Boden ab und hockte sich daneben. Mit dem Finger fuhr er über den Stein, wo er bald mit Ruß Linien ziehen würde.

Es würden seine ersten Linien auf der ewigen Wand im Bauch der Erde sein. Nach all den Skizzen war er jetzt bereit. Die Steinplatten mit seinen Probezeichnungen lagen auf dem Boden der Höhle verstreut. Stuten hatte er hineingeritzt, Fohlen, Eber und Bisons. All diese Wintertage hindurch hatte Linke Hand gezeichnet, hatte alles Licht aus seinem Leben in der leuchtenden, sonnenbeschienenen Welt dort oben auf den Stein übertragen – oder zumindest war es ihm so vorgekommen, bis er seine Zeichnungen ein zweites Mal anschaute. Da sah er nur noch leblose, unbeholfene Linien, kaum klarer als die ersten Laute eines Kleinkindes. Ungeduldig warf er sie auf den Boden, ohne sie dem Magier zu zeigen.

Doch der Alte kam von hinten angehumpelt, hob sie auf und schnalzte mit der Zunge, als er sie betrachtete.

»Warum gibst du ihnen nur zwei Beine?«, hatte er einmal spöttisch gefragt. »Ich dachte, die meisten Ponys hätten vier Beine.«

»Ich weiß, ich weiß«, hatte Linke Hand gejammert, »aber wie soll ich die Beine auf der anderen Seite zeichnen? Man kann ja nicht durch das Tier hindurchsehen.«

»Schau her!« Magier zeichnete die Beine für ihn, eines gebeugt hinter dem anderen. Linke Hand biss sich auf die Lippen und nickte. Es war ihm, als ob sich sein Kopf erweiterte und Sterne darin aufleuchteten.

Ein anderes Mal hatte Magier bemerkt: »Sieh mal, du kannst das Tier nach hinten schauen lassen ... so. Die Tiere, die du draußen siehst, blicken ja auch nicht wie Tonfiguren alle nach vorn.«

»Hmhm«, brummte Linke Hand und suchte sich eine neue Steinplatte.

Das Kalb war das erste anmutige, wirklich lebendige Tier, das ihm gelungen war. Jetzt war der Moment gekommen, Ruß und Ocker zu nehmen und mit der eigenen zitternden Hand dem Inneren der Erde ein Zeichen aufzuprägen. Ein kleiner Vorsprung in der Wand würde sich wunderbar für den Hinterlauf des Kalbes eignen – so hatte Linke Hand es sich gedacht, als er seine Skizze machte –, aber dann würde das Bein quer über den Kopf eines der fremdartigen Tiere laufen.

»Magier«, rief Linke Hand und in der geschlossenen Kammer warf seine Stimme ein lautes Echo zurück. »Was sind das für Tiere?«

Magier hockte in der Nähe des Eingangs. Er war dabei, mit einem Grabstichel den Schwanz eines mächtigen Bisonbullen in den Fels zu schlagen, ohne seine Arbeit zu unterbrechen. »Ich weiß es nicht«, sagte er. »Ich habe noch nie etwas Ähnliches gesehen. In der anderen Höhle, auf der gegenüberliegenden Seite des Gangs, gibt es noch mehr von ihnen.«

»In der heiligen Höhle, die wir nicht betreten?«

»Ja.«

»Ist sie deswegen heilig?«

»Nein, heilig ist sie, weil die Gebeine von Menschen dort liegen.«

Linke Hand betrachtete die Tiere aufmerksam. Eines nach dem anderen lief mit bedächtigem Schritt über die ganze Wand. Ihre Körper waren wundervoll kräftig, schwerer als die Körper von Ebern, und jedes hatte einen zweiten Schwanz, der sich vom Kopf aus hochreckte, sowie große, ausladende Stoßzähne.

»Irgendwer hat sie übermalt«, rief er. Ponys, die nur schwer zu erkennen waren, rannten aufwärts und abwärts über die massigen Körper. »Darf mein Kalb sie auch berühren?«

»Ihr Zauber ist tot«, kam die kurze Antwort. Linke Hand tauchte seinen Finger in den heißen Ruß der Lampe und begann zu zeichnen.

Der Träumer zog seinen Kopf von der Flanke zurück. Er schnüffelte und wackelte mit den Ohren. Laute griffen sein Ohr an, drangen bis in seine Träume vor. Ein gelegentlicher dumpfer Lärm wurde in diesen Träumen zu seiner eigenen Stimme oder zum Rauschen eines Stromes. Doch das laute Klirren, das das andere Geräusch jetzt begleitete, erinnerte ihn an nichts und rief keine Traumbilder hervor. Nun begann sein Magen hartnäckig zu knurren und der Schläfer öffnete eins seiner kleinen Augen.

»Magier«, rief Linke Hand, »dieses Kalb wird große Zauberkraft haben!«

»Ich weiß.«

»Ich möchte es Schneevogel zeigen.«

»*Was?*« Magier erhob sich, wandte sich um und humpelte zu Linke Hand hinüber. »Du möchtest es *wem* zeigen?«

Verwirrt schaute Linke Hand vom Hinterlauf seines Rens auf und sah, wie der Alte ihn von oben herab anstarrte. Jetzt war er wieder der Bär. Doch inzwischen kannte Linke Hand Magier zu gut, als dass er eingeschüchtert gewesen wäre.

»Ich möchte es Schneevogel zeigen, deiner Tochter.«

Magier schüttelte betont langsam den Kopf. »O nein, Linke Hand. Das wirst du nicht tun.« Er stützte die Hände auf die Knie und beugte sich hinunter, bis sein Gesicht über dem von Linke Hand war. Mit etwas sanfterer Stimme erklärte er dann: »Schneevogel ist eine Frau.«

»Ja, ich weiß.«

»Bald wird sie ihre eigene Magie besitzen, sehr viel sogar. Du wirst ihr doch nicht auch noch deine geben wollen. Dir bliebe ja gar nichts mehr übrig.«

Verständnislos starrte Linke Hand in die scharfen alten Augen über ihm. Er hatte immer gedacht, alle Frauen seien machtlos und ohne jede Zauberkraft. Strahlende Sonne war ihm kaum wichtiger als er selbst erschienen, und diesen geringen Vorsprung besaß sie auch nur deswegen, weil sie erwachsen war. Jetzt, wo er für sich selbst eine Quelle der Stärke entdeckt hatte, wollte er sie gern mit Schneevogel teilen, so wie sie mit ihm ihr Feuer und ihr Essen geteilt hatte. Doch der Alte sah auf ihn herab, den Kopf voller Erinnerungen, das Herz voller Kraft, und sagte: »Nein. Keine Frau wird diese Höhle je betreten. Hast du die kleine Trommel vergessen?«

Die kleine Trommel – o doch, Linke Hand erinnerte sich an den geheimen, zärtlichen Rhythmus, den er einmal in der Nacht geschlagen hatte, damit Schneevogel sich dem Kreis der tanzenden Frauen anschließen konnte, die ein Geheimnis zelebrierten.

»Niemals mehr wirst du diese Trommel berühren«, sagte Magier und richtete sich wieder auf. »Niemals wirst du diesen Rhythmus wieder hören, denn du wirst bald ein Mann sein. Lass Schneevogel eine Frau sein.« Damit drehte er sich um, leise lachend über den Ausdruck des Erstaunens auf dem Gesicht des Jungen.

Wusste Magier eigentlich *alles*?

Magier kehrte zu seinem Bison zurück, und Linke Hand zeichnete langsam den Rücken seines Kalbes, den langen, hochgereckten Hals, die gespitzten Ohren. Dann hielt er inne, erhob sich und trat einen Schritt zurück, um besser sehen zu können. Die Linie war vollkommen und von großer Lebendigkeit. Linke Hand schluckte tief, um seinen aufgeregten Magen zu beruhigen, bevor er sich wieder hinunterbeugte, um Brust und Hals des Tieres zu zeichnen. Wieder hörte er auf; seine Hand zitterte. Er bückte sich tief hinunter, um seine Vision, die hier auf dem Fels greifbar geworden war, aus nächster Nähe zu sehen. In diesem Moment hörte er ein Geräusch.

Es drang ganz leise durch das Klopfen des Stichels. Es erinnerte ihn an ein Geräusch, das Magier manchmal machte, wenn er mit einer erstaunlich groben Speerspitze aus Stein über ein fertiges Bild schabte, um so die Farben zu verwischen, sie sanfter zu machen. Doch jetzt schabte Magier gar nicht, sondern hieb mit beiden Händen den Stichel in die Felswand: ding-ding-ding.

Was Linke Hand hörte, war ganz eindeutig ein Kratzen.

»Magier!«, rief er und die Wände wiederholten seinen Ruf. »Woher kommt dieses Geräusch?«

»Ein Geräusch?«, antwortete Magier über den hellen Klang seines Stichels hinweg. »Das wirst du selber gewesen sein mit deinem Ritzstein.« Kling, kling, klang machte der

Stichel und zwischen den Schlägen war wie ein Flüstern wieder dieses Kratzen zu hören.

»Ich habe ein Kratzen gehört«, sagte Linke Hand mit zitternder Stimme.

»Ein Kratzen?« Magier ließ den Stichel sinken und drehte sich um. Als das Echo seines Werkzeugs verhallte, war das Kratzen deutlich zu hören.

Magier wurde blass. Im flackernden Licht der Fackel sah Linke Hand, wie das Gesicht des Alten so weiß wurde wie die Wand hinter ihm. Er flüsterte: »Ein Geist!«, und flüsternd antwortete sein Echo: »Geist!«

Plötzlich wurde Linke Hand des gewaltigen, schweigenden Berges gewahr, der sie umschloss. Wabenartig durchzogen diesen Berg Höhlen, Gänge und unterirdische Flüsse, und von alledem kannte er nicht mehr als diesen Raum und die zwei Gänge, die zu ihm führten. Zahllos waren die Kammern, selbst Magier kannte sie nicht alle.

Einige der Räume in ihrer Nähe, so wie der auf der anderen Seite des Ganges, waren heilig. Dort waren Menschen gestorben und ihre Gebeine lagen auf dem Felsboden. Linke Hand stellte sich vor, wie diese Gerippe jetzt aufrecht dasaßen und mit ihren trockenen Fingern über die Wände kratzten.

Mit zitternden Händen ergriff Linke Hand seine Lampe. Die Gebeine waren dort draußen in der Finsternis, in der weiten, lauernden Finsternis. Angesichts eines Geistes war ein Licht in den Händen besser als ein Speer.

Auch Magier bückte sich und hob seine Lampe auf. Er

drehte sich zu dem niedrigen, zerklüfteten Eingang, durch den die Gerippe kommen mussten.

Das Schweigen, das auf das Kratzen folgte, wurde nur durchbrochen vom Klang ihrer unkontrollierbar klappernden Zähne.

Der Schläfer war jetzt vollends aufgewacht. Schwankend erhob er sich, schwach noch und verwirrt. Er war sehr, sehr hungrig.

Er bemühte sich, im Dunkeln etwas zu erkennen. Selbst bei Licht sah er nicht gut. Besser konnte er sich auf seine Nase verlassen, und seine Nase sagte ihm, dass es in der Nähe etwas zu fressen gab.

Er schwang seinen massigen Körper in die Richtung, aus der der Geruch kam, und stolperte tastend vorwärts. Er taumelte gegen die Felswand, scheuerte mit der Seite daran entlang, erhob sich auf die Hinterbeine und kratzte am Fels. Es war ein gutes Gefühl, die Klauen zu schärfen; er fühlte ein angenehmes Kitzeln in seinen Pranken und den Vorderbeinen. Seine Muskeln erwachten.

Während er sich genüsslich reckte und mit den Klauen über den Fels kratzte, verstummte das Klirren.

Der Geruch von lebendigem Fleisch wurde jetzt stark und stechend. Das störte seine Nase – es machte ihn zornig und weckte in ihm den Reiz zu zerstören. Er ließ sich wieder auf alle vier Tatzen sinken und bewegte sich gezielt dorthin, von wo der Geruch der Angst zu ihm drang.

Zu seiner Überraschung war dort Licht. Er hatte nicht erwartet, die Sonne zu sehen. Doch dies war nicht die Sonne. Es war ein kleines Licht, das hinter einer Öffnung im Fels flackerte. Er wäre daran vorbeigegangen, hätte geblinzelt und fortgeschaut, wenn nicht der Geruch von Fleisch und Furcht gerade aus diesem Loch gekommen wäre.

Er kniff die Augen zusammen und schob seinen Kopf ins Licht.

Linke Hand ließ die Lampe fallen. Er war wie erstarrt vor Angst. Der gewaltige, haarige Kopf, der sich da durch den Eingang der Höhle schob, die Augenschlitze und die glänzenden Zähne waren für ihn entsetzlicher als jedes Skelett. Er hätte es gewagt, gegen die Toten zu kämpfen. Doch das hier war das Gesicht, das er noch immer in den Tiefen seiner häufigen Alpträume sah. Wäre er allein gewesen, wäre es für den Bären ein Leichtes gewesen, sich in die Höhle zu drängen und ihn zu verschlingen.

Magier hörte, wie die Steinlampe krachend zu Boden fiel, und ohne hinzusehen wusste er sofort, was das Geräusch bedeutete. Das Licht leuchtete jetzt heller, weil das vergossene Fett aufloderte, und der Bär schloss die Augen davor und öffnete die langen schwarzen Kiefer. Ein Jaulen stieg aus seiner Kehle.

In diesem Moment empfand Magier Erleichterung. Ein Bär, der aus dem Winterschlaf aufgewacht war, das also war es gewesen, was da im Dunkeln gekratzt hatte. Es war kein Geist, nicht der seines Vaters, der ihm fremd und feindlich geworden war in jenem unbekannten Reich des Todes, nicht ein kleiner, behaarter Geist mit ungeheuer breiten, gekrümmten Schultern, auch nicht seine Frau, die vom langen, langen Warten ungeduldig geworden und gekommen war, um ihn zu suchen. Es war nur ein Bär, ein Tier, gegen das man kämpfen konnte. Die Zähne des Magiers schlugen nicht mehr aufeinander.

Unfähig, sich zu bewegen, sah Linke Hand, wie Magier geradewegs auf den Bären zuging, wobei er die Lampe immer auf dessen Gesicht richtete.

»Geh hinaus«, sagte Magier mit sanfter Stimme zu dem Bären. »Geh nach oben in die Sonne. Geh hinaus aus dieser Höhle. Hier gibt es nichts für dich.« Er schwenkte die Lampe dicht vor der Nase des Bären.

Der Kopf des Bären wich zurück, eine riesige Pranke schwang durch die Öffnung und schlug nach der Lampe. Magier ließ es zu, hielt aber das Gefäß ganz fest. Brennendes Fett spritzte überall herum. Unmittelbar vor dem Eingangsloch öffnete sich das schwarze Maul, und ein Jaulen ertönte, dessen Echo durch die Höhlen drang, gleichsam von Tiefe zu Tiefe sprang.

»Geh hinauf in die Sonne!«, wiederholte Magier beharrlich und schwenkte die Lampe hin und her, um das Maul daran zu hindern, näher zu kommen. »Geh hinauf auf den Berg!«

Der Bär zog seine verbrannte Pfote durch die Öffnung zurück und leckte sie. Seine gewaltige Zunge, die über die Wunde strich, stieß einen erstaunlichen Laut aus, wie das Wimmern eines Säuglings.

Linke Hand merkte, dass er sich bewegen konnte. Er bückte sich und hob die Steinlampe auf.

Der Bär würde es vielleicht wieder versuchen. Linke Hand wusste, dass er gebraucht wurde. Das Fett aus der Lampe des Magiers war zum Teil herausgespritzt, weniger als die Hälfte war ihm geblieben. Seine eigene Lampe war beinahe leer, doch am Boden der Schale flackerte noch eine winzige Flamme. Dieses Licht musste er zu dem des Magiers hinzufügen.

Linke Hand hielt die Lampe mit beiden Händen und streckte die Arme weit vor, als er sich von der Felswand löste und einen Schritt nach vorn tat. Das Gesicht in der Öffnung bleckte die Zähne und knurrte ihn an. Linke Hand blieb stehen. Er zitterte.

Dann fiel ihm ein, dass der Bär ihn gar nicht sehen konnte, weil das Licht ihn blendete. Er zwang sich, weiter nach vorn zu gehen.

Magier sprach ohne Pause. Langsam verstand Linke Hand die Worte. Immer in demselben sanften, beruhigenden Ton sagte der Alte: »Geh nach oben, geh auf den Berg, bring mir das Licht, dort draußen ist Essen, hier drinnen ist nichts, mach schnell, oben auf dem Berg wirst du zu essen finden, mein Licht erlischt.«

Die Abfolge seiner Worte war wie ein leiser Trommelschlag. Linke Hand bewegte sich in dem von der Stimme vorgegebenen Takt und stand an der Seite des Magiers, bevor ihm bewusst wurde, wo er eigentlich war. Unmittelbar vor ihm war das massige, Furcht erregende Gesicht, da war die Pranke, die sich gerade wieder hob, während die Flamme in der Schale des Magiers immer schwächer wurde.

Linke Hand warf einen raschen Blick in das Bärengesicht; ein zweites Mal wagte er nicht hinzusehen. Rasch kippte er den Rest des brennenden Fettes aus seinem Gefäß in das des Magiers. Die so vereinten Flammen loderten auf und durchschnitten die Dunkelheit mit zuckendem, rot glühendem Schmerz. Der Bär wusste jetzt, was er tun würde.

Was auch immer der Leckerbissen dort drinnen sein mochte, er tat ihm zu weh. Leise vor sich hin jammernd, drehte er sich um. Wo vorher das Gesicht im Höhleneingang gesteckt hatte, war jetzt nur noch undurchdringliche Finsternis. Linke Hand hörte das Klicken der Bärenklauen auf dem Felsen, das sich langsam entfernte.

Heftig atmend standen sie nebeneinander. »Ob er wirklich hinausgeht?«, fragte Linke Hand.

»Ja. Ich habe es ihm gesagt.«

»Vielleicht wartet er im Gang auf uns?«

»Nein, nein. Er ist jetzt zu hungrig, um auf irgendetwas warten zu können. Er ist eben erst aufgewacht.«

Im Geiste folgte Linke Hand dem Bären auf seinem Weg durch den Gang ... durch das Wasser ... durch die Öffnung, die in den oberen Gang führte ... den ganzen, gewundenen Weg entlang, dem Licht entgegen.

»Magier!« Wieder hallte das Echo seines Aufschreis durch den Raum mit den bemalten Wänden. »Draußen wartet Schneevogel!«

Magier starrte Linke Hand an. Sein Gesicht, das gerade

wieder Farbe bekommen hatte, wurde von neuem schneeweiß.

»Der Berg ist groß«, murmelte er. »Vielleicht ist sie weit weg.«

»Sie wird mit Fink am Eingang sein. Sie kommen jeden Abend dorthin.«

Mit wildem, unsteten Blick suchte Magier die Höhle ab. Sie hatten keinerlei Waffen mitgebracht an diesen heiligen Ort. »Nimm Steine«, sagte er mit schwerer Zunge. »Etwas anderes haben wir nicht.«

Linke Hand setzte die unhandliche Lampenschale neben dem Magier ab. Dann rannte er durch den Raum und sammelte seine Skizzensteine ein. Es waren die unbeholfenen Linien eines Anfängers, die er hineingeritzt hatte, und so besaßen sie nur wenig Zauberkraft, aber sie waren seine ganze Hoffnung. Ein Armvoll dieser Steine würde den Bären nur leicht oder auch gar nicht verletzen, aber der Zauber mochte ihn abwehren. Es war ihre einzige Chance.

Linke Hand stürmte als Erster aus der Höhle. Einen Stein hielt er in der Faust, die anderen presste er mit den Armen gegen seinen Körper. Magier folgte ihm mit der schwach leuchtenden Lampe.

Linke Hand rannte den Gang entlang, jagte hinter seinem eigenen, wütenden Schatten her, den das spritzende Licht hinter ihm auf die Felswände warf. Er konnte immer nur wenige Schritte weit sehen, und plötzlich fiel ihm wieder ein, wie ängstlich er eben noch gefragt hatte, ob der Bär wohl im Gang auf sie warte. Jetzt war es ihm gleichgültig. Falls der

Bär auf sie wartete, würde Schneevogel vielleicht den Lärm aus der Höhle hören und sich vom Eingang zurückziehen.

Doch der Bär war nicht im Gang und saß auch nicht im Wasser, wie Linke Hand es sich flüchtig vorgestellt hatte. Frische Abdrücke seiner Klauen im weichen Lehm am gegenüberliegenden Ufer zeigten ihm, wo der Bär erst vor wenigen Augenblicken durch das Loch gekrochen war, hinauf in den oberen Gang.

Als wäre er in seinem Leben nie etwas anderes als gesund und kräftig gewesen, stürmte Linke Hand durch das Wasser, griff nach der Schwelle und zog sich pfeilschnell hoch. Er blieb im Dunkeln stehen, bis Magier durch den Fluss zu ihm hinübergewatet war. Das Licht in der Hand des Alten erschien in der Öffnung. »Nimm du die Lampe«, hörte er Magier sagen. »Du bist schneller als ich.«

Linke Hand nahm sich nicht die Zeit zu antworten. Er packte die schwach flackernde Lampe und hastete durch den steinernen Korridor, wich Felsblöcken aus, zwängte sich durch enge Durchgänge. Einmal sah er Klauenabdrücke im Lehm, wo er sich selbst mit der Hand abstützte, und als der Gang ganz schmal wurde, streiften Bärenhaare, die am Fels hängen geblieben waren, seinen Arm.

Linke Hand machte sich daran, die letzte Steigung zum Gebirgspfad hinauf zu erklimmen. Da sah er den Bären.

Er stand in der schroffen Öffnung, die aus dem Berg hinausführte. Er stand aufrecht, wie ein dicker Mann, und stützte sich mit beiden Pfoten an der Felskante genau oberhalb seines Kopfes ab. Vor dem hellen Tageslicht sah Linke

Hand die Umrisse des runden Kopfes mit den kleinen rundlichen Ohren und dem schiefen Maul.

Linke Hand blieb wie angewurzelt stehen. Der Bär tat nichts Böses. Es war nicht nötig, gegen ihn zu kämpfen. Bei der Aussicht, nicht kämpfen zu müssen, spürte Linke Hand, wie die Angst zurückkam, ihn durchflutete wie plötzliche Übelkeit. Das durfte nicht sein; mit Sicherheit würde der Bär seine Angst wittern und sich umdrehen. Linke Hand entspannte sich, atmete ruhig und versuchte, den Bären zu beobachten.

Der Bär winselte, jammerte und knurrte angesichts der Anstrengung, die nötig war, um sich ans Licht zu hieven. Schneevogel musste den Lärm gehört haben, den der Bär machte, und war jetzt bestimmt schon in sicherer Entfernung. Linke Hand stellte sich vor, wie sie mit Fink im Arm hinter einem Felsblock kauerte; bestimmt hielt sie dem Jungen den Mund zu.

Während er sich mit beiden Vorderpfoten an dem Felsrand über sich festhielt, begann der Bär mit den Hinterbeinen zu zappeln. Mit den Klauen grub er sich in den weichen Boden, sein Hinterteil schwankte gewaltig, als er sich mit großer Anstrengung hinauf und durch die Felsöffnung zog.

Es wurde dunkel um Linke Hand, als die massige Gestalt im Eingang saß, sich blinzelnd umsah und schnuppernd die Luft des beginnenden Frühlings einatmete.

Für Honig war es noch zu früh. Auf dem Berg lag noch immer eine dünne Schneeschicht, doch unten im Tal wuchs bereits Gras. Zwischen den jungen Wurzeln mussten Ameisen umherkrabbeln.

Knurrend ließ sich der Bär auf seine vier zittrigen Beine nieder. Mit halber Kraft machte er sich auf den Weg bergab in der Hoffnung auf Ameisen und Raupen. Sein leerer Bauch schwang beim Laufen unter ihm hin und her, und sein braunes Fell, das in der Sonne glänzte, warf über der Schulter Falten. Es war ihm um einen ganzen Winter zu groß geworden.

Wie in seinem Traum schwenkte er den Kopf hin und her und witterte die frische Frühlingsluft. Aus dem Tal herauf roch es schon kräftig nach Nahrung. Schneller stolperte er jetzt den Berg hinunter, zwischen winzigen, leuchtenden Blumen, die durch den Schnee nach oben drängten. Seine torkelnde und schlurfende Gestalt schrumpfte bald zu einem rötlichen Flecken, der sich langsam über den grünen Talboden bewegte.

Schneevogel nahm die Hand von Finks Mund und sofort strömten die Worte hervor: »Er hat sie nicht erwischt! Hast du seinen Bauch gesehen? Er ist leer!«

Schneevogel kam hinter dem Felsblock hervor und rannte zum Loch im Felsen. Im Laufen fragte sie sich, ob sie es wagen könnte hineinzugehen, nur ein kleines Stückchen ins Dunkel hinein, oder ob sie wohl rufen könnte. Sie beugte sich vor über den Rand des Höhleneingangs und das grinsende Gesicht von Linke Hand grüßte sie.

Sie sah ihn an und der Ausdruck in seinem Gesicht veränderte sich: Das triumphierende Grinsen wurde schwächer, sanfter und verzog sich zu einem Lächeln. Noch nie hatte Schneevogel Linke Hand lächeln sehen. Als kleiner Junge war er ernst gewesen, nachdenklich und schüchtern, und seit der Bär ihn angefallen hatte, war er düster geworden. Sie staunte, wie warm, wie strahlend sein Lächeln war.

»Linke Hand?«, fragte sie unsicher. »Bist du das?«

»Nein«, sagte Magier. Seine Stimme drang aus der Dunkelheit hinauf. »Nicht ganz. Nicht der, der er war. Er ist weit über sich hinausgewachsen.«

3

Die Bergwand glitzerte in der kräftigen Frühlingssonne. Direkt unterhalb eines Felsvorsprungs glänzte ein Kreis aus warmem Lehm. Eine plumpe junge Renkuh lief dort immer ringsherum. Sie hatte junges Gras und frühlingsweiche Erde aufgewühlt und ihre rastlosen Hufe hatten die warme Stelle zu Lehm getreten. Weiter zog sie ihre Kreise, die Nüstern immer dicht an der Mitte des neuen Lehmbettes. Keuchend sah sie sich mit erschrockenen, schmerzgeweiteten Augen um. Schließlich beugte sie die Knie, ließ sich zunächst auf die Vorderläufe nieder und legte sich dann ganz hin. Sie streckte sich aus, öffnete das Maul und stöhnte.

Sie hatte einen ruhigen Platz ausgewählt, abseits der langsam umherziehenden Herde. Nach vorn hin war sie abgeschirmt durch einige niedrige Büsche, in ihrem Rücken erhob sich die nackte Felswand. Der Platz schien ihr sicher, soweit ihr schwerfälliger Geist, der von diesem überraschenden Drängen überwältigt wurde, das einschätzen konnte.

Fink beugte sich mit großen, runden Augen über den Abhang. Schneevogels feste Hand auf seiner Schulter erinnerte ihn daran, dass er still sein sollte. Malende Hand setzte sich mit gekreuzten Beinen neben sie, und alle drei beugten sich gemeinsam über den Felsvorsprung und sahen in völligem Schweigen hinab.

Gleich unter ihnen reckte sich die junge Renkuh stöhnend hinter ihrem Sichtschutz aus Büschen. Sie sahen das leuchtende Braun ihres Sommerfells, das Aufblitzen ihres peitschenden Schwanzes. Sie sahen ihren wilden Blick, ihre zum Platzen gespannten Flanken, die an prall gefüllte Fellsäcke erinnerten.

Auf der anderen Seite der grünen Büsche wanderten an die hundert braune Rücken vorbei. Langsam kam die Herde der in den Norden zurückkehrenden Rene das Tal hinaufgezogen. Die Weibchen hatten alle einen prallen, geschwollenen Leib. Sie würden bald gebären. Sobald die neu geborenen Kälbchen laufen konnten, würden sie weiter hinauf in den Norden ziehen.

Ganz in der Nähe knickten mehrere schwerfällige Weibchen ihre Beine ein und legten sich zum Wiederkäuen ins Gras. Friedlich kauend blickten sie über das frühlingssanfte Tal zum Fluss hinüber, der blau unter dem blauen Himmel dahinfloss. Wie ein auf die Erde gefallener Streifen Himmel zog er das Tal hinab, wurde hier langsamer, schlug dort einen Bogen zwischen den Weiden hindurch.

Weit drüben im Tal hoben sich braune Flecken von den kahlen Felswänden ab. Einer davon, der größer zu werden schien und in ständiger Bewegung war, musste eine wandernde Herde sein, Bisons vielleicht. Der andere dunkle Fleck war das Lager.

Malende Hand setzte sich aufrecht hin und dehnte die Schultern. Bilder aus der Zukunft drängten in seinen Kopf. Er sah das Tal so, wie es sein würde, wenn die Sonne wieder verblasste und das Jahr starb. Er sah, wie sich immer mehr Zelte umeinander scharten, wie sie sich wie mit langen Armen zum Fluss hin erstreckten. Aus den fernen Wäldern kamen die Menschen herunter, flussabwärts aus dem Norden die Rentiere.

Die große Trommel dröhnte. Malende Hand sah sich selbst unter einer gehörnten Maske tanzen. Er sah sich mit anderen jungen Männern auf den Wald zugehen. Bis auf einen, der Wildfänger sein mochte, waren die anderen nur undeutliche Schatten. Er sah Schneevogel, die den Gepäckschlitten zog.

Eine andere Gestalt drängte sich immer wieder ins Bild. Sie wollte absolut nicht draußen bleiben. Klein, einem Welpen ähnlich, sprang sie immer um Schneevogel herum. Manchmal half sie den Schlitten ziehen, aber meist saß sie darauf und machte es sich gemütlich.

Und da war noch jemand. Hinkend lief er hinter den Aufbrechenden her. Er stolperte und schwenkte seine dünnen Arme. Weißes Haar wehte um seinen Kopf wie die Halskrause eines sehr alten, wetterharten Rentieres.

»Magier ist alt ... und er ist noch nie stark gewesen.«

Malende Hand runzelte die Stirn, als er die jungen Männer aus seinem Tagtraum weiterlaufen und entschwinden sah. Sich selbst sah er zögern, stehen bleiben, umkehren. Er konnte jetzt den ganzen Tag laufen. Er konnte einen Speer schleudern und traf auch manchmal sein Ziel. Magiers Weisheit hatte ihm seine einstige Kraft zurückgegeben – und mehr. Der Alte hatte ihn auch gelehrt, über sich selbst hinauszuwachsen.

In seinem Tagtraum wandte Malende Hand sich um und ging der nur mühsam vorankommenden, weißhaarigen Gestalt entgegen. Worte, Gesten, eine Entscheidung. Die Gruppe kehrte zurück ins Tal, zurück zum Fluss, zu den Fallen, zu den dunklen Höhlen und ihrer Magie.

Malende Hand warf einen raschen Blick auf Schneevogel. Sie schaute gebannt nach unten. Er folgte ihrem Blick.

Die Renkuh krümmte sich. Sie hatte es aufgegeben, etwas zu fühlen oder sich zu fragen; sie tat nur noch das, weswegen sie hergekommen war. Sie reckte die Schnauze zum Himmel, wölbte ihren Rücken und stöhnte vor Anstrengung. Dann keuchte sie leise, bis eine neue Welle des Schmerzes sie ergriff. Wieder reckte sie den Kopf, wölbte den Rücken, stöhnte.

Fink, der bäuchlings auf dem Felsvorsprung lag, stieß gegen einen kleinen Stein, der hinunterfiel und neben der Renkuh aufprallte. Sie reagierte nicht, sie hatte weder Augen noch Ohren für irgendetwas außerhalb ihrer selbst. Doch die anderen Renkühe, die vor den Felswänden rasteten, sahen auf und spitzten ihre haarigen Ohren. Schneevogel verstärkte warnend den Druck ihrer Hand auf der Schulter des Jungen.

Nun erschien unter dem angehobenen Schwanz der Renkuh eine kleine graue Ausbuchtung. Das Stöhnen der Kuh wurde lauter, bis die Anstrengung sich in einem Brüllen Luft machte, das von den Felswänden widerhallte. Wieder spannte sie sich an und langsam schob sich die graue Ausbuchtung in windenden Bewegungen weiter heraus.

Ein Moment der Ruhe folgte. Bewegungslos lag das schleimige Etwas am Boden, und Malende Hand konnte durch den Schleim hindurch die Umrisse eines kleinen Kopfes erkennen. Die Nase ruhte auf weichen kleinen Hufen. Die blinden Augen traten leicht hervor.

Die Renkuh erhob sich mühsam, das Kälbchen baumelte herunter. Eine letzte Anstrengung, und es war geboren. Es glitt zu Boden, wo es reglos liegen blieb, noch immer ganz in Schleim eingehüllt. Lang und schlank war es, für schnelles Laufen geschaffen. Da es noch nicht atmete, schien der flache Körper tot.

Die Kuh drehte sich um und begann das Kleine zu beschnüffeln. Mit der Zunge leckte sie ihm den Schleim vom Kopf. Sie zog ihm die Fruchtblase von der platten kleinen Nase, so wie Strahlende Sonne einem Kadaver die Haut abzog. Als die Mutter ihm die Augen ableckte, nieste das Kalb. Sein Kopf wackelte, das Maul öffnete sich und ein hohes schrilles Blöken ertönte.

Die Renkuh grunzte beruhigend. Während sie ihr Junges

weiter ableckte, stieß sie beständig Laute aus. »Haltet euch fern!«, schien sie der Welt zu sagen und »Ich bin ja bei dir« zu ihrem Kalb.

Die trächtigen Rentiere in der Nähe der Büsche blickten dorthin, von wo die Laute zu hören waren, das laute Blöken und das leise Brummen. Was sie hörten, weckte starke Instinkte in ihnen. Dieses Kalb war das erste der Herde. Vor Einbruch der Nacht würden es einige mehr sein.

Inzwischen war es heiß geworden auf dem Felsenpfad, der in der prallen Mittagssonne lag. Fink und Schneevogel lagen reglos nebeneinander und ruhten aus, die Gesichter einander zugewandt – das eine sanft und kindlich weich, das andere nachdenklich und mit deutlich ausgeprägten Zügen. Malende Hand strich über eine kleine Steinplatte. Auf dem Fels neben seinen Knien hatte er eine rasche Skizze der gebärenden Renkuh gemacht. Nun suchte er sich einen kleineren Stein und ritzte damit eine Seitenansicht der beiden Gesichter vor ihm in die Platte.

Es war mühsam. Die Rundung der Wangen, die vorspringende Nase – das alles sah er vollkommen deutlich. Aber irgendwo zwischen Auge und Hand ging etwas verloren. Er machte einen erneuten Versuch. »Ein Speer nach dem anderen«, sagte er sich. »Zuerst kommt Schneevogel an die Reihe.«

Stirn, Nase und Kinn gelangen ihm gut. Auf dem grauen Stein erschien hart eine dünne, weiße Linie, ein blasses Abbild von Schneevogels brauner Wärme. Es war ein schwacher Zauber.

Am Fuß des Felsens versuchte das Renkalb unter Mühen auf die Beine zu kommen. Vorn war es jetzt trocken, das Fell bereits zarter Flaum. Seine Augen konnten sehen, seine Ohren waren aufgestellt. Während die Renkuh noch seine Hinterläufe ableckte, zappelte es schon mit den Vorderbeinen. Als wüsste es, dass Gefahr ihm in diesem Moment drohte und immer drohen würde, war das junge Ren fest entschlossen, sich hinzustellen.

»Warte«, bedeutete ihm die Renkuh mit ihrem leisen Gebrumm. »Warte, bis ich dieses letzte Stückchen fertig habe.«

Das Kalb stand auf. Es schwankte, und als die Renkuh ihm die Schulter ableckte, fiel es um.

Wie durch einen Zauber war ein Traum Wirklichkeit geworden. Die Erde hatte den Winter hindurch geschlafen und von Rentieren geträumt. In ihren Tiefen galoppierten geräuschlose Herden. Und als der Frühling sie aufweckte, brachte die Erde Rentiere hervor: runde, haarige Kühe, die weideten, kauten und gebaren.

Inzwischen schnupperte das Kleine suchend am Leib seiner Mutter, saugte am Fell. Still und zufrieden stand die Kuh im Schein der Sonne. Sanft leckte sie ihr Kälbchen, bis der Flaum in steifen kleinen Locken hochstand. Nun schwang der Schwanz des kleinen Rentiers fröhlich hin und her – es hatte Milch gefunden.

Malende Hand schaute wieder auf den glatten Fels neben ihm. Er sah die kalte, weiße Linie an, die Schneevogel darstellen sollte. Für sie würde er keinen Zauber benötigen. Aber was wäre, wenn jemand anderes die Zeichnung fände?

Mit den Fingern und seinem Ritzstein löste Malende Hand den magischen Stein aus dem Felsenpfad. Neugierig sah Schneevogel ihm zu, als er sich erhob und den Stein mit weit ausholender Bewegung hinunterwarf, so weit, dass niemand ihn je finden würde.

Der Stein landete in einem Geröllhaufen am Fuß der Felsen. Irgendwann im Laufe der endlosen Zeit würde er dort zu einem winzigen Teil des Berges werden.